川派中医药名家系列丛书

杜自明

主编 ◎ 吕宗蓉

西南交通大学出版社
·成都·

图书在版编目（CIP）数据

川派中医药名家系列丛书. 杜自明 / 吕宗蓉主编.
成都：西南交通大学出版社，2024.10. -- ISBN 978-7-5774-0100-3

Ⅰ．K826.2；R249.7

中国国家版本馆 CIP 数据核字第 2024Z51M85 号

Chuanpai Zhongyiyao Mingjia Xilie Congshu　Du Ziming
川派中医药名家系列丛书　　　杜自明

主编 / 吕宗蓉

策划编辑 / 李芳芳　黄淑文　张少华
责任编辑 / 居碧娟
助理编辑 / 姜远平
封面设计 / 原谋书装

西南交通大学出版社出版发行
（四川省成都市金牛区二环路北一段 111 号西南交通大学创新大厦 21 楼　610031）
营销部电话：028-87600564　　028-87600533
网址：http://www.xnjdcbs.com
印刷：四川煤田地质制图印务有限责任公司

成品尺寸　170 mm×240 mm
印张　10.25　　插页　2
字数　149 千
版次　2024 年 10 月第 1 版　　印次　2024 年 10 月第 1 次

书号　ISBN 978-7-5774-0100-3
定价　48.00 元

图书如有印装质量问题　本社负责退换
版权所有　盗版必究　举报电话：028-87600562

杜自明标准像

杜自明和他的学生们

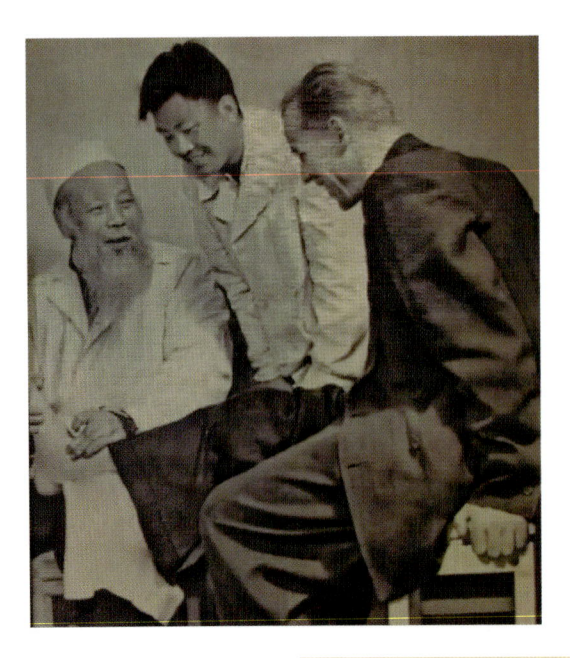

杜自明为国外患者治疗

杜自明指导学生

编 委 会

《川派中医药名家系列丛书》编委会

总 主 编：田兴军　杨殿兴

副总主编：李道丕　张　毅　和中浚

总 编 委：尹　莉　陈　莹

编写秘书：彭　鑫　贺　飞　邓　兰

《杜自明》编委会

主　　编：吕宗蓉

副 主 编：赵　明　谢富林　周劲松

编　　委：唐晓俞　黄　建　陈道裕

　　　　　李　进　蒋　斌　李　军

　　　　　武志佳

学术顾问：杜　麒

编写秘书：赵　薇　杜麦齐

总序——加强文化建设，唱响川派中医

四川，雄踞我国西南，古称巴蜀，成都平原自古就有天府之国的美誉，天府之土，沃野千里，物华天宝，人杰地灵。

四川号称"中医之乡、中药之库"，巴蜀自古出名医、产中药，据历史文献记载，从汉代至明清，见诸文献记载的四川医家有1000余人，川派中医药影响医坛2000多年，历久弥新；川产道地药材享誉国内外，业内素有"无川（药）不成方"的赞誉。

医派纷呈，源远流长

经过特殊的自然、社会、文化的长期浸润和积淀，四川历朝历代名医辈出，学术繁荣，医派纷呈，源远流长。

汉代以涪翁、程高、郭玉为代表的四川医家，奠定了古蜀针灸学派，郭玉为涪翁弟子，曾任汉代太医丞。涪翁为四川绵阳人，曾撰著《针经》，开巴蜀针灸先河，影响深远。1993年，在四川绵阳双包山汉墓出土了最早的汉代针灸经脉漆人；2013年，在成都老官山再次出土了汉代针灸漆人和920支医简，带有"心""肺"等线刻小字的人体经穴髹漆人像是我国考古史上首次发现，应是迄今我国发现的最早、最完整的经穴人体医学模型，其精美程度令人咋舌！

又一次证明了针灸学派在巴蜀的渊源和影响。

四川山清水秀，名山大川遍布。道教的发祥地青城山、鹤鸣山就坐落在成都市。青城山、鹤鸣山是中国的道教名山，是中国道教的发源地之一，自东汉以来历经2000多年，不仅传授道家的思想，道医的学术思想也因此启蒙产生。道家注重炼丹和养生，历代蜀医多受其影响，一些道家也兼行医术，如晋代蜀医李常在、李八百，宋代皇甫坦，以及明代著名医家韩懋（号飞霞道人）等，可见丹道医学在四川影响深远。

川人好美食，以麻、辣、鲜、香为特色的川菜享誉国内外。川人性喜自在休闲，养生学派也因此产生。长寿之神——彭祖，号称活了800岁，相传他经历了尧舜夏商诸朝，据《华阳国志》载，"彭祖本生蜀""彭祖家其彭蒙"，由此推断，彭祖不但家在彭山，而且他晚年也落叶归根于此，死后葬于彭祖山。彭祖山坐落在眉山市彭山区，彭祖的长寿经验在于注意养生锻炼，他是我国气功的最早创始人，他的健身法被后人写成《彭祖引导法》；他善烹饪之术，创制的"雉羹之道"被誉为"天下第一羹"，屈原在《楚辞·天问》中写道："彭铿斟雉，帝何飨？受寿永多，夫何久长？"反映了彭祖在推动我国饮食养生方面所做出的贡献。五代、北宋初年，著名的道教学者陈希夷，是四川安岳人，著有《指玄篇》《胎息诀》《观空篇》《阴真君还丹歌注》等。他注重养生，强调内丹修炼法，将黄老的清静无为思想、道教修炼方术和儒家修养、佛教禅观汇归一流，被后世尊称为"睡仙""陈抟老祖"。现安岳县有保存完整的明代陈抟墓，有陈抟的《自赞铭》，这是全国独有的实物。

四川医家自古就重视中医脉学，成都老官山2012年冬出土的汉代医简中就有《逆顺五色脉臧验精神》一书，其余几部医简经整理定名为《脉书·上经》《脉书·下经》《刺数》《犮理》《治六十病和齐汤法》《疗马书》。学者经初步考证推断极有可能为扁鹊学派已经亡佚的经典书籍。扁鹊是脉学的倡导者，而此次出土的医书中脉学内容占有重要地位，一起出土的还有用于经脉教学的人体模型。唐代杜光庭著有脉学专著《玉函经》三卷，以后王鸿骥的《脉诀采真》、廖平的《脉学辑要评》、许宗正的《脉学启蒙》、张骥的《三世脉法》

等，均为脉诊的发展做出了贡献。

昝殷，唐代四川成都人。昝氏精通医理，通晓药物学，擅长妇产科。唐大中年间，他将前人有关经、带、胎、产及产后诸证的经验效方及自己临证验方共378首，编成《经效产宝》三卷，是我国最早的妇产学科专著。加之北宋时期的著名妇产科专家杨子建（四川青神县人）编著的《十产论》等一批妇产科专论，奠定了巴蜀妇产学派的基石。

宋代，以四川成都人唐慎微为代表撰著的《经史证类备急本草》，集宋代本草之大成，促进了本草学派的发展。宋代是巴蜀本草学派的繁荣发展时期，陈承的《补注神农本草并图经》，孟昶、韩保昇的《蜀本草》等，丰富、发展了本草学说，明代李时珍的《本草纲目》正是在此基础上产生的。

宋代也是巴蜀医家学术发展最活跃的时期。四川成都人、著名医家史崧献出了家藏的《灵枢》，并进行校正、音释后，由朝廷刊印颁行，为中医学发展做出了不可估量的贡献，可以说，没有史崧的奉献就没有完整的《黄帝内经》。虞庶撰著的《难经注》、杨康侯的《难经续演》，为医经学派的发展奠定了基础。

史堪，四川眉山人，为宋代政和年间进士，官至郡守，是宋代士人而医的代表人物之一，与当时的名医许叔微齐名，其著作《史载之方》为宋代重要的名家方书之一。同为四川眉山人的宋代大文豪苏东坡，也有《苏沈内翰良方》（又名《苏沈良方》）传世，是宋人根据苏轼所撰《苏学士方》和沈括所撰《良方》合编而成的中医方书。加之明代韩懋的《韩氏医通》等方书，一起成为巴蜀医方学派的代表。

四川盛产中药，川产道地药材久负盛名，以回阳救逆、破阴除寒的附子为代表的川产道地药材，既为中医治病提供了优良的药材，也孕育了以附子温阳为大法的扶阳学派。清末四川邛崃人郑钦安提出了中医扶阳理论，他的《医理真传》《医法圆通》《伤寒恒论》为奠基之作，开创了以运用附、姜、桂为重点药物的温阳学派。

清代西学东渐，受西学影响，中西汇通学说开始萌芽，四川成都人唐宗海以敏锐的目光捕捉西学之长，融汇中西，撰著了《血证论》《医经精义》《本草问答》《金匮要略浅注补正》《伤寒论浅注补正》，后人汇为《中西汇通医书五种》，成为"中西汇通"的第一种著作，也是后来人们将主张中西医兼容思想的医家称为"中西医汇通派"的由来。

名医辈出，学术繁荣

新中国成立后，历经沧桑的中医药受到党和国家的高度重视，在教育、医疗、科研等方面齐头并进，一大批中医药大家焕发青春，在各自的领域里大显神通，中医药事业欣欣向荣。

四川中医教育的奠基人——李斯炽先生，在1936年创办的"中央国医馆四川分馆医学院"（简称"四川国医学院"）中，先后担任过副院长、院长，担当大任，艰难办学，为近现代中医药人才的培养立下了汗马功劳。该院为国家批准的办学机构，虽属民办但带有官方性质。四川国医学院也是成都中医学院（现成都中医药大学）的前身，当时汇集了一大批中医药的仁人志士，如内科专家李斯炽、伤寒专家邓绍先、中药专家凌一揆等，还有何伯勋、杨白鹿、易上达、王景虞、周禹锡、肖达因等一批蜀中名医，可谓群贤毕集，盛极一时。共招生13期，培养高等中医药人才1000余人，这些人后来大多数都成为新中国成立后的中医药领军人物，成了四川中医药发展的功臣。

1955年国家在北京成立了中医研究院，1956年在全国西、北、东、南各建立了一所中医学院，即成都、北京、上海、广州中医学院。成都中医学院第一任院长由周恩来总理亲自任命。李斯炽先生继担任四川国医学院院长之后又成为成都中医学院的第一任院长。成都中医学院成立后，在原国医学院的基础上，又汇集了一大批有造诣的专家学者，如内科专家彭履祥、冉品珍、彭宪章、傅灿冰、陆干甫，伤寒专家戴佛延，医经专家吴棹仙、李克光、郭仲夫，中药专家雷载权、徐楚江，妇科专家卓雨农、曾敬光、唐伯渊、王祚久、王渭川，温病专家宋鹭冰，外科专家文琢之，骨、外科专家罗禹田，眼科专家陈达夫、刘松元，方剂专家陈潮祖，医古文专家郑孝昌，儿科专家胡伯安、曾应台、肖正安、吴康衡，针灸专家余仲权、薛鉴明、李仲愚、蒲湘澄、关吉多、杨介宾，医史专家孔健民、李介民，中医发展战略专家侯占元等。真可谓人才济济，群星灿烂。

北京成立中医高等院校、科研院所后，为了充实首都中医药人才的力量，四川一大批中医名家进驻北京，为国家中医药的发展做出了巨大贡献，也展现了四川中医的风采！如蒲辅周、任应秋、王文鼎、王朴诚、王伯岳、冉雪峰、杜自明、李重人、叶心清、龚志贤、方药中、沈仲圭等，各有专精，影响广泛，功勋卓著。

北京四大名医之首的萧龙友先生，为四川三台人，是中医界最早的学部委员（院士，1955年）、中央文史馆馆员（1951年），集医道、文史、书法、收藏等为一身，是中医界难得的全才！其厚重的人文功底、精湛的医术、精美的书法、高尚的品德，可谓"厚德载物"的典范。2010年9月9日，故宫博物院在北京为萧龙友先生诞辰140周年、逝世50周年，隆重举办了"萧龙友先生捐赠文物精品展"，以缅怀和表彰先生的收藏鉴赏水平和拳拳爱国情怀。萧龙友先生是一代举子、一代儒医，精通文史，书法绝伦，是中国近代史上中医界的泰斗、国学家、教育家、临床大家，是四川的骄傲，也是我辈的楷模！

追源溯流，振兴川派

时间飞转，掐指一算，我自1974年赤脚医生的"红医班"始，到1977年大学学习、留校任教、临床实践、跟师学习、中医管理，入中医医道已40年，真可谓弹指一挥间。俗曰：四十而不惑，在中医医道的学习、实践、历练、管理、推进中，我常常心怀感激，心存敬仰，常有激情冲动，其中最想做的一件事就是将这些中医药实践的伟大先驱者，用笔记录下来，为他们树碑立传、歌功颂德！缅怀中医先辈的丰功伟绩，分享他们的学术成果，继承不泥古，发扬不离宗，认祖归宗，又学有源头，师古不泥，薪火相传，使中医药源远流长，代代相传，永续发展。

今天，时机已经成熟，四川省中医药管理局组织专家学者，编著了大型中医专著《川派中医药源流与发展》，横跨2000年的历史，梳理中医药历史人物、著作，以四川籍（或主要在四川业医）有影响的历史医家和著作为线索，理清历史源流和传承脉络，突出地方中医药学术特点，认祖归宗，发扬传统，正本清源，继承创新，唱响川派中医药。其中，"医道溯源"是以"民国"前的川籍或在川行医的中医药历史人物为线索，介绍医家的医学成就和学术精华，作为各学科发展的学术源头。"医派医家"是以近现代著名医家为代表，重在学术流派的传承与发展，厘清流派源流，一脉相承，代代相传，源远流长。《川派中医药源流与发展》一书，填补了川派中医药发展整理的空白，集四川中医药文化历史和发展现状之大成，理清了川派学术源流，为后世川派的研究和发展奠定了坚实的基础。

我们在此基础上，还编著了"川派中医药名家系列丛书"，汇集了一大批近现代四川中医药名家，遴选他们的后人、学生等整理其临床经验、学术思想编辑成册。预计编著一百人，这是一批四川中医药的代表人物，也是难得的宝贵文化遗产，今天，经过大家的齐心努力终于得以付梓。在此，对为本系列书籍付出心血的各位作者、出版社编辑人员一并致谢！

由于历史久远，加之编撰者学识水平有限，书中罅、漏、舛、谬在所难免，敬望各位同仁、学者，提出宝贵意见，以便再版时修订提高。

中华中医药学会　　副会长
四川省中医药学会　　会长
四川省中医药管理局　　原局长
成都中医药大学教授　　博士导师

2015年春初稿
2022年春修定于蓉城雅兴轩

杜 序

我爷爷杜自明，满族，中医正骨专家。从小随父习武，宗少林派《达摩洗髓经》，在武术方面打下了坚实基础，后随父临症，所学之骨科伤科治法多属家传。爷爷从小立志以济世救人为宗旨，他强调"以仁治人"，以"仁爱"之心治疗疾患。对于贫苦人民，更是每日施与粥糜。凡乡里邻居，每遇跌打损残时，但凡无钱医治，即上门就诊，乡人皆颂其高明医术与高尚医德。爷爷非常重视未病先防，他深知伤筋动骨防重于治，这也与其从小习武的经历有关。正如《素问·四气调神大论》云："是故圣人不治已病治未病，不治已乱治未乱，此之谓也。"所谓"未病"，即有患病的因素存在，或将病未病。高明的"上工"，能够预见和分析出"将病"的各方面因素，从而防其病作。爷爷勤奋好学，善交师友。教导徒弟时，总是将自己的经验毫无保留地传授，除耐心细致地口头讲授以外，临床上总是手把手地教。他总是强调临床之症，多能生熟，熟能生巧，巧能生智。一旦临证，手触于外，巧出于内，心随手转，法从手出。他强调，跌打损伤，应以手法和药物治疗为主，应注重合适武功锻炼，以恢复肢体和关节功能。

感谢四川省中医药管理局、成都第一骨科医院等相关单位，在爷爷去世几十年以后，愿意花大量时间和人力物力来撰写这一本介绍其学术思想、临床经验等方面的书。成都第一骨科医院前身是爷爷于1916年创办的骨科诊所，百余年传承至今，经过该院几年的努力，至今书稿成形，即将付梓，对此我深感荣幸。

　　这本书其实是后辈们对我爷爷的追忆，隔着一代甚至是两三代，去回忆、寻找其身影，回味其临床经典病例，总结其临床中的经验与教训，留给家人与学生们，作为他们医学道路上的指明灯，这就是传承，也是对我爷爷最好的记忆。

杜自明孙子　杜麒
乙亥年夏于成都

编写说明

本书为川派中医名家系列丛书之一,是著名中医骨科专家杜自明骨伤学术思想与临床经验的集成之作。全书共分杜自明先生生平简介,治疗骨伤、筋伤疾病的特色临床诊疗经验,学术思想,学术传承,学术年谱等几个部分。

为保持杜氏常用处方原貌,本书所附杜氏几个常用处方的剂量仍然保持旧衡制,读者在研究和临床时可以参考书中所列剂量单位换算关系换算成现代剂量。

药物剂量单位关系换算:

一斤 = 16 两 = 500 g   1 两 = 30 g   1 钱 = 3 g   1 撮 = 2 g

一方寸匕 = 2 g   1 铢 = 0.5 g

本书编写得到四川省中医药管理局及成都第一骨科医院的大力支持,得到杜自明先生之孙杜麒先生,杜老的徒弟段胜如、张涛、单文盛的大力支持,在此一并致以衷心感谢。

由于编者水平有限,不足之处在所难免,敬请提出宝贵建议,以便修订完善。

吕宗蓉

乙亥年夏于成都第一骨科医院

目录

- 001　生平简介
- 005　临床经验
- 007　一、杜自明临床医案
- 045　二、杜自明对其他骨折及损伤的认识
- 076　三、杜自明医话
- 080　四、杜氏骨科手法特色技术
- 089　学术思想
- 092　一、杜自明对硬伤（骨折）的认识
- 097　二、杜自明对软伤（筋伤）的认识
- 119　三、杜氏伤科用药特色
- 122　四、杜氏功法
- 135　学术传承
- 147　学术年谱

生平简介

川派中医药名家系列丛书

杜自明

生平简介

杜自明（1877—1961），满族，中医正骨专家。其出生于四川省成都市一个正骨世家，自幼随父习练武术，在少林武功方面打下坚实基础。及长，随其父临症，学习骨伤病的诊疗技术。杜自明天资聪慧，勤奋好学。经过16个春秋的刻苦学习和从未间断的临床实践，终于较好地掌握了世代家传的理伤正骨技术。杜自明少年时喜爱武术，习练十八般兵器，宗少林派武功，以弄拳、击剑、舞刀见长，尤擅猴拳，每日坚持"易筋经十二段"的练习，外练筋骨，内练精气。杜自明曾多次外出寻师访友，曾在许多有一技之长的拳师或民间正骨医生的门下虚心求教，对不同流派的正骨技法兼收并蓄，丰富和提高了自身医学理论和理伤正骨技术，并以济世救人为宗旨。

1902年杜自明在成都悬壶济世，并于1916年创办骨伤科诊所（成都市西城区骨科医院及成都第一骨科医院的前身）。因其理伤正骨技术高明，不论对骨伤常见病还是疑难病的诊治，多能获得较好的疗效，因而在群众心中留下良好的印象。他的理伤正骨技术也逐渐为医林所推崇，并以高超的武艺和医术名扬于成都武术界和中医骨伤界。杜自明在多次重大伤残事故的急救工作中常妙手回春，使许多伤病者转危为安，如1931年成都女子师范学校教学大楼突然垮塌，致上百名师生受伤严重，经杜自明及其弟子们精心救治，创下了无一死亡和残疾的临床案例，杜自明也因这一历史性纪录而名扬中外，成都各界人士为表彰杜自明业绩，特请当时的名人刘豫波先生书赠"良化"金匾一幅，以颂扬杜自明高明之医术和高尚的医德。

1951年，杜自明被成都市卫生局聘为成渝铁路工地的特约医生，并于当年当选为成都市西城区首届人民代表。1953年他进入成都铁路局中心医院工作，并被聘为四川医学院附属医院特约医生。1954年杜自明当选为第一届成都市人民代表和成都市人民委员会委员。1955年，卫生部组建中医研究院时，曾广泛邀聘全国各地知名中医专家参加中医的整理研究工作，杜自明也在邀聘之列。

1956年，杜自明作为四川著名正骨专家被正式聘请到京，出任卫生部中医研究院内外科研究所骨科主任。此时杜自明已79岁高龄，他没有眷恋故乡的山水和家庭的温暖，毅然响应党和国家的号召，风尘仆仆地来到北京，表现了他忠诚爱国、献身于祖国传统医学的高尚情操。在中医研究院工作的那几年时间中，杜自明以高超的医疗技术精心为患者医治疾病，其中有许多著名的舞蹈家、戏剧艺术家以及体育健将等，如白椒湘、陈爱莲、郑凤荣、李富荣等，都曾请杜老治疗他们的疾病。杜自明坚决拥护人民政府"团结中西医、继承发扬祖国医学"的政策，认真教学全国各地选拔进京学习中医的优秀西医大夫，把全部精力投入中医骨科的临床、教学工作。他在工作中总结出许多中医骨伤的治疗经验，并毫无保留地传给学生们，培养了多名正骨人才。

杜自明曾将中国人民解放军铁道兵司令员李寿轩的老残疾腰腿痛病（脊椎骨性关节炎）医治好，铁道兵因此特调多名军医来北京向他学习，以培养一批兼具中医骨科治疗技术的医师，为开山筑路负伤的指战员看病治病。杜自明还曾是国家领导人周恩来总理的中医保健大夫，曾多次为周总理看过病。杜老不仅医道高明，而且治病救人严肃认真，一丝不苟，危重患者都是亲自抢救，所以疗效显著，很少有后遗症。他给学生传授技术时毫无保留，除耐心细致地讲授外，临床上总是手把手地教，经他授业成名的既有理论又有临床经验的骨伤科医生布满全国各地，为发展中医正骨学术、培养中医正骨人才做出了较大贡献。正因为有这些出色的成就，杜自明也受到了党和政府的表彰，获得过各种荣誉，被选为全国政协委员，享受国家一级专家的待遇。他常常感慨地说："共产党重视祖国医学，关怀中医。像我这样一个在旧社会不许开业行医的人，被给予了许多崇高的荣誉，带这样多的徒弟，这是我从前做梦也不敢想的事情，使我万分感动。"

1959年，由杜自明口述，经其弟子整理，《中医正骨经验概述》一书正式出版，1960年中央新闻电影制片厂拍摄了科教电影片《杜自明正骨经验》，杜自明还编写了《扭挫伤治疗常规》和《增补少林十二式》两本很有价值的资料，为继承发扬祖国医学遗产提供了宝贵资料。

杜自明1961年于北京去世时，周恩来、邓颖超等党和国家领导人亲自参加了追悼会，杜自明的遗体安葬于北京八宝山革命公墓。

临床经验

川派中医药名家系列丛书

杜自明

一、杜自明临床医案

（一）小儿肱骨髁上骨折

张××，男性，4岁，初诊时间：1959年11月17日。

主诉：跌倒致右肘疼痛、活动受限3日（其母代述）。

现症：患儿3日前在玩耍时摔倒致伤，大哭，见右肘肿胀、畸形，右肘不能活动，当日就医，X片检查提示："右肱骨髁上骨折"，在当地医院行手法复位、夹板外固定，今日患儿哭闹厉害，故来就诊。

查体：拆除夹板见右肘肿胀明显，轻度畸形，肱骨髁上压痛明显，可扪及骨擦感及断端台阶感，右肘活动明显受限，复查X片提示："右肱骨髁上骨折，目前远折端向尺侧移位"。

诊断：右肱骨髁上骨折（伸直型）。

辨证：气滞血瘀。

辨证分析：患者因外力作用致肱骨髁上骨折、移位，故见局部畸形、活动受限。筋脉受损血溢于脉外，积于皮下，故局部肿胀、疼痛。证属气滞血瘀，治则：行气、活血、消瘀、止痛。

治法：采用"三人复位法"。患儿仰卧位，第一助手宽布绕过其腋下，牵引布袋，第二助手握患腕沿伤后姿势（屈肘40°）进行缓慢牵引，前臂处于中立位，术者用两手指按住远骨折端的内侧方，其他2~5指包住外侧方，并用力向外侧推举，对向卡挤手法纠正远端尺偏以助复位，纠正侧方移位后，屈曲肘关节致110°。经触诊，骨折对位对线良好。局部外敷活血散，并以4块夹板超肘关节外固定，内侧垫放置在肱骨内上髁，外侧垫放置在骨折近断端，采用绷带环形缠绕加压固定，同时使用钢丝托夹板将肘关节固定于屈曲100°~110°，远端超腕关节，前臂处于旋前位。嘱患儿伸指、握拳活动，三角巾悬吊于胸前。

复查X片证实：右肱骨髁上骨折对位对线良好，轻度桡偏。向患儿家属交代复位满意，并叮嘱回家后注意事项：①注意观察患儿疼痛情况，若出现严重疼痛或疼痛加重，立即返回就诊；②观察肢端有无麻木、发凉、严重肿胀，若出现上述情况立即就诊；③两日后再次来门诊复诊；④若患儿有特殊不适，及时返回就诊。

第3日复诊：夹板有效固定在位，腕部肿胀锐减，无畸形，压痛存在，骨折断端未扪及台阶感，手背轻度肿胀，指端感觉、皮温、运动良好。施以镇定等手法，外敷接骨散，固定方法同前。交代医嘱同第一次。

第10日复诊：夹板有效固定在位，局部肿胀轻，骨折断端对位对线良好，手背无肿胀，指端感觉、皮温、运动良好。前臂施以理筋、镇定手法，改用活血散、接骨散各一半外敷，钢托夹板固定同前。

第14日复诊：夹板有效固定在位，肘部无肿胀，压痛轻微，前臂及手背无肿胀，拆除夹板，行肘关节轻柔被动屈伸锻炼，手法同前。外敷活血散。继续钢托外固定于肘关节屈肘90°，前臂调整为中立位。

第21日复诊：肘部肿胀、压痛不明显，骨折对位对线良好，无肘内翻畸形，去除钢托，行肘关节主动屈伸锻炼，施行理筋、按摩等治疗，继续活血散外敷。

第28日复诊：肿肘部肿胀、压痛不明显，无肘内翻畸形，肢端感觉、皮温、运动良好，患儿肘关节屈伸活动正常。复查X片结果：骨折部位对位对线佳，新骨生长尚好。

按语：肱骨髁上骨折是肘部常见的损伤，也是儿童最常见的骨折，多见于3~12岁的儿童少年，尤好发于5~8岁儿童。肱骨髁上骨折可分为伸直型与屈曲型。肱骨髁上部是骨松质与骨密质交界处，前面有冠状窝，后有鹰嘴窝，两窝之间仅为极薄的一层骨片，加之此处又是肱骨自圆柱形转变为三棱形的形状改变部位，为应力上的弱点，再则儿童时期肘部前关节囊及侧副韧带相对较坚固，故儿童肘部外伤不易发生脱位，而多易造成骨折。损伤后骨折移位、局部软组织损伤严重，易致血肿，且皮肤产生张力性水泡的概率高，严重者可造成缺血性肌挛缩。肱骨内外髁稍屈曲，并与肱骨纵轴形成向前30°~50°的前倾角，骨折移位可使此角发生改变，肱骨滑车关节面略低于肱骨小头关节面，上臂与前臂纵轴呈10°~15°携带角，骨折移位可使携带角改变，若治疗不及时，复位固定不佳，易造成肘内翻或外翻畸形。加之，如不注重功能锻炼，可致活动功能丧失，终身废用。

1. 正骨手法的要点

根据"骨折以对口为要""子骨寻母骨"的原则，以"三人复位"法，采用"牵、卡、挤"手法，患者取仰卧位，第一助手宽布绕过其腋下，牵引布袋，第二助手握患腕沿伤后姿势（屈肘 40°）进行牵引。待对抗牵引将重叠移位纠正后，再纠正侧方旋转移位。

矫正侧方移位：伸直型者，以尺偏移位多见，术者用两手指按住患者远骨折端的内侧方，其他 2～5 指包住外侧方，并用力向外侧推举，最好能矫枉过正，使远折端产生向桡侧偏移少许更好，桡偏则向相反的方向推挤，但不可矫正过度。或术者双手分别置患者肘部内、外侧，相对用力按压，矫正尺、桡偏移位。

矫正远折端向后移位：在维持牵引下，术者用两手拇指放于患者鹰嘴窝两旁，顶住远折端的后方，其余各指抱住近折端的前方。拇指用力把远折端向前顶，同时其余各指力向后拉近端，此时助手将伤肢肘关节屈曲到 90°或大于 90°，使肘关节后凸畸形消失，恢复正常外形。

屈曲型骨折复位手法与之相反，首先纠正侧方旋转移位，在助手顺势对抗牵引下，术者先纠正侧方旋转移位（与伸直型相同），纠正前方移位时两手四指环抱近端向前端提，两手拇指推按远端向后，同时令助手将肘关节拉至 0°～20°即可复位。力求一次手法成功，多次反复的粗暴手法只会加重损伤，造成严重的后果。

2. 药物治疗的要点

骨折的治疗以外敷药物为主，根据"敷药以对症为要"，骨折接上以后，外敷接骨散或活血散。根据临床观察，敷上药物以后，首先痛止，其次肿消，然后瘀散，并有促进骨痂生长的作用。敷药要对准伤处，也要认清症候，什么症敷什么药。小儿髁上骨折只敷 1～2 次接骨散，即改用活血散。或接骨散、活血散各一半。因敷接骨散后，骨痂容易长牢，不利于逐渐恢复关节的活动。治疗骨折是以手法为主、药物为辅。对于 7 岁以下的小儿一般不使用内服药物。

3. 夹板的固定及包扎要点

根据"固定应多考虑为要""包扎以多起作用为要",采用"靠"的方法,用薄木片作为外固定材料,该材料特点是选材方便、经济、韧性好,可塑性较强,可根据患儿的实际情况进行裁剪。夹板内侧用棉花做衬垫及前侧夹板远端边缘向前折弯,后侧夹板向前折弯,防止压伤皮肤。固定用四块夹板,外加 1 块钢托固定肘关节及前臂。

对于伸直尺偏型内侧垫放在肱骨内上髁,外侧垫放置在骨折近断端;伸直桡偏型者则与此相反。后侧压垫放在骨折远端的后侧;前侧近断端放一压垫,均不超过骨折线。屈肘关节 90°~110°。屈曲型骨折压垫的放置是近断端前侧不放置压垫,远断端后侧放置一薄型垫,其他压垫放置方法同前。使肘关节处于 40°~60°位固定,2 周后改为 90°~110°固定。于前、后、内、外放置相应夹板后用三根布带扎紧、绷带缠绕,于肘后侧置钢丝托板前端至掌指关节。尺偏型损伤的患儿,前臂固定于旋前位,因为在前臂旋前位时桡侧嵌插,尺侧张口,利于纠正肘内翻。桡偏型损伤的患儿前臂旋后位固定,旋后位时桡侧张口,尺侧嵌插,利于纠正肘外翻。两周左右骨折处初步连接,可调整为中立位固定。包扎时不要随意,务必使包扎起到应有的作用。要定期复查,注意患肢肿胀和血液循环情况,及时调整外固定的松紧度。要定期做 X 光检查,以了解骨折对位及愈合情况。

4. 功能锻炼的要点

早期指导患者进行握拳及伸指活动,能促进局部血液循环,以利肢体肿痛的消退。患儿骨痂生长快,治疗过程中要做到"动静结合",骨折 2 周后开始逐步活动,后期以主动锻炼为主。注意早期避免做前臂旋转运动及肘关节屈伸活动。

5. 并发症的预防

(1)肘内外翻畸形。通过临床观察,此畸形主要与复位时尺、桡侧方移位未得到充分纠正,固定不可靠,压垫放置不当有关。应主要从以下几个方面来预防:一是早期应一次性复位成功,力求解剖对位,充分纠正旋转与侧方移位。二是小夹板型号要匹配,束带松紧要适宜,压垫放置部位要准确。

三是治疗后的前两周每 2~3 天，夹板调整时要仔细触诊，以了解骨折对位对线情况，或者进行透视或 X 光摄片检查，以了解掌握骨位情况，一旦发现移位立即纠正。肘内翻的定义，是患侧提携角比健侧提携角减少 6°以上，若减少 5°以下，可认为是正常范围。其发生的机理可能与下面几方面有关。①骺板受到损伤，影响骨骺的发育，使内髁生长不良。②复位不良及骨折固定不稳发生再移位，是产生肘内翻的又一原因。③肘内翻的发生与骨折的应力方向和对骨质的损伤程度有直接关系。④骨折远端的旋转及向尺侧倾斜，造成肘内翻。其中骨折远折端向尺侧倾斜旋转移位的内在变化是发生肘内翻的主要内在因素；而骨折远折端发生倾斜移位的外在因素，包括外伤应力的方向、解剖结构姿势产生的应力以及地心引力的作用力，均可产生持续性的使骨折远折端向尺侧倾斜的应力。因此在处理肱骨髁上骨折时应注意预防及纠正这些因素，使肘内翻的发生率降低。在治疗中，强调复位后要求使断端桡侧嵌入，尺侧开口；在固定中，要保持桡偏及向桡侧倾斜的位置，并应清除向尺侧倾斜、旋转力，故在复位固定后，最好放在外展支架上。

（2）血管损伤。肱骨髁上骨折常合并血管损伤，但血管完全断裂比较少见，多为骨折断端对血管挤压或挫伤，刺激血管产生痉挛或机械性压迫，使血流中断。故在检查时应注意动脉的搏动情况、受伤部位以下皮肤颜色及活动功能等。

（3）缺血性肌挛缩。它是肱骨髁上骨折的严重并发症，一旦发生后，处理困难，且预后不佳，可造成终身残疾。发身的主要原因为动脉在骨折或处理中受到损伤或压迫，侧支循环由于血管痉挛而受阻，或肘窝血肿所致局部张力加大，再加前方肱二头肌腱膜对张力的约束如使用止血带，使其以下肢体血液供应受阻，当缺血 6~8 h 以上，肌肉即可发生坏死，肌肉坏死后，被纤维组织替代而发生挛缩。缺血性肌挛缩多发生在屈侧肌群，轻者手指不能伸直，腕关节屈曲后手指可伸直；严重者手指和腕关节均屈曲强硬成爪形手，并出现手套形知觉减低区。该并发症治疗复杂，效果欠满意，可采取肌腱移植和延长术进行治疗。防治的关键在于早期诊断、早期治疗。缺血性肌挛缩的前驱症状，有剧烈的疼痛，桡动脉搏动消失，手指发绀、发凉、发麻，其中最主要的是严重疼痛。被动伸直手指时疼痛，为最早表现。一旦发现，应立即进行手术探查，然后根据情况进行处理。若肌挛缩症状已发生，应解除一切外固定，同时进行热敷，轻手法按摩。为控制畸形的发生，可用铅制夹板或石膏夹板将腕关节固定在背伸位、掌指关节略屈曲位，指关节伸直位。每天可取下夹板进行热敷、按摩及功能锻炼，或用弹性矫形支架固定治疗。

（4）神经损伤。较多见，以正中神经最多，桡神经次之，尺神经很少发生，通常在3月内即可恢复。

（5）畸形愈合。肱骨髁上骨折，在2周以后，即有明显骨痂生长，并有一定程度的牢固程度。此时如果已发生明显畸形，并影响功能者，应予处理。3周以内，由于骨架脆弱，骨痂与骨皮质连接不紧密，可采用手法折骨复位、小夹板固定的方法处理。手法折骨时，折骨的方向总是向两侧方，由轻到重，向外折顶，待有一定动度时，便向内外旋转，使折端完全折断，再按新鲜骨折的方法进行复位和固定，可取得良好的复位，并与新鲜骨折愈合速度相似。3周以内的肘内翻畸形，采用此法治疗比较满意，对于超过3周的骨折的畸形愈合，可以根据具体情况，选用骨突切除术、截骨矫形术。

（二）桡骨远端骨折

病例 1

周××，女性，67岁，初诊时间：1959年10月6日。

主诉：跌倒致双侧前臂疼痛、活动受限30 min。

现症：患者30 min前从约1米高床上跌下，双手掌着地，当时感双侧前臂远端疼痛，畸形，几分钟后疼痛剧烈并出现肿胀，双腕不能动弹，故来就诊。

查体：精神欠佳，面皮皱折，舌暗红，苔薄白，脉浮弦。双侧腕部中度肿胀，外观呈餐叉样畸形，双腕压痛剧烈，可扪及骨擦感，双腕活动受限，双手感觉、皮温、运动良好。X线拍片证实为"双侧桡骨远端骨折，远端向桡侧、背侧移位"。

诊断：双侧桡骨远端骨折（伸直型）。

辨证：气滞血瘀。

治法：采用"三人复位法"。先处理患者左腕部骨折，两助手将患者前臂旋前位、拇指背伸牵引，术者双手拇指抵于远折端，行掌屈尺偏手法，再施以理顺、卡挤、锁定等手法。经触诊，骨折对位对线良好。局部外敷活血散，并以夹板外固定，背侧桡侧夹板超腕关节固定，采用绷带环形缠绕加压固定。嘱患者伸指、握拳，三角巾悬吊于胸前，前臂处于旋转中立位。右腕部骨折处理方法同左侧。嘱患者2日后复诊。

第4日复诊：双侧夹板有效固定在位，腕部肿胀较前减轻，无畸形，双侧腕部压痛存在，左侧尤甚，双侧手背轻度肿胀，指端感觉、皮温、运动良好。施以理顺等手法，继续外敷活血散，夹板固定双侧腕部，三角巾悬吊于胸前。

第7日复诊：双侧夹板有效固定在位，局部肿胀大减，右腕尤甚，压痛存在，骨折断端对位对线良好，双手背轻度肿胀，指端感觉、皮温、运动良好。施以理顺手法，改用活血散、接骨散各一半外敷于双侧腕部。双侧夹板固定同前。

第21日复诊：晨起已不感疼痛，双侧手背浮肿，右手已能持筷用饭，压痛减轻，手法同前。外敷接骨散。夹板固定同前。

第35日复诊：肿胀已不明显，压痛锐减，右侧压痛不明显，左侧压痛轻，骨折对位对线良好，两腕均已恢复持筷端碗用饭，两腕关节功能明显恢复，右腕去除夹板，左腕继续夹板外固定，施行手法治疗，活血散外敷。

第42日复诊：肿胀不明显，双侧压痛轻微，骨折对位对线良好，两腕均已恢复持筷端碗用饭，两腕关节功能恢复好，左腕去除夹板，施行手法治疗，继续活血散外敷。

第56日复诊：诸症已减，左手指略有麻痛，但已能提放暖水瓶，疼痛亦轻，手法改以内磨、外磨法为主，敷药同前。

第70日复诊：摄片复查结果显示：骨折部位对位对线佳，新骨生长尚好。洗面用饭等操作均已无妨，双侧腕关节屈伸、旋转良好，左手指麻痛消失。

病例2

杜××，男性，5岁，初诊日期：1959年6月16日。

主诉：患儿右臂跌伤已4日（其母代诉）。

现症：4 天前从约 0.6 米高的床上跌下，大哭，见右臂皮肤擦破，涂以红药水，而前臂不敢活动，夜睡呻吟，次日就医，考虑诊断为"肘关节脱臼"，经手法服药治疗，今虽肘关节已能伸屈，但是前臂仍肿胀，为求进一步诊治，遂来就诊。

查体：右臂屈肘挂于胸前，除去吊带检查，前臂略肿，无明显畸形，皮肤擦伤已愈合，肘关节活动好，但不能触碰对侧肩膀，右桡骨上 1/2 和尺骨下 1/2 均有一处压痛，未听及骨擦音。X 线拍片提示："尺桡骨双骨折"。

诊断：右臂尺桡骨骨折。

治法：手法理顺，"牵、卡、挤、靠"，敷贴玉真散膏及接骨散，于背侧放置较长夹板包括腕关节，内侧仅于前臂中段放置 5×3 cm 之硬纸片包扎固定。

第 2 次复诊：患儿诉疼痛缓解，压痛锐减，于桡骨骨折处加硬纸垫，其余处理同前。

第 5 次复诊：接治后第 17 日，折处触之新骨生长明显，患侧臂屈时手可触及健肩，近愈停诊。

伤后二月余复查结果：接治后 10 日即停止固定开始活动，17 日摄片报告已骨痂愈合，位置佳良，34 日患臂功能已完全恢复，前臂内旋 85°、外旋 90°，无压痛。

按语：桡骨远端骨折很常见，约占平时骨折的 1/10，多见于老年妇女，青壮年发生均为外伤暴力较大者。骨折发生在桡骨远端 2～3 cm 范围内。手掌着地的为伸直型桡骨远端骨折，也称为"科雷氏骨折"，手背着地的为屈曲型桡骨远端骨折，也称为"史密斯骨折"。检查时要注意是否有神经损伤，有移位的骨折要尽快进行手法复位，以利骨折端的愈合和功能康复。

1. 伸直型正骨手法的要点

根据"骨折以对口为要""子骨寻母骨"的原则，采用牵、卡、挤手法，牵引力要足够，才能使骨折嵌插牵开，然后进行掌屈复位，以纠正骨折断端背侧移位、掌侧成角，是手法的重点，要稳准协调，术者两拇指置于患者骨折远端背侧并向掌侧用力压，余指置于近端掌侧向背侧用力提，两手配合，同时屈腕，纠正背侧移位；纠正桡侧移位时，应注意牵引时拇指背伸以放松桡侧腕屈肌，同时术者拇指用力压桡侧远端，其余四指用力提近端向桡侧，远端助手尺偏。此手法双手用力点要掌握好，动作要协调一致、连贯一气呵成。

2. 屈曲型正骨手法要点

屈曲型骨折复位方法纠正掌背侧移位时与伸直型相反。应力求一次手法成功，多次反复的粗暴手法只会加重损伤，造成严重的后果。

3. 特殊类型桡骨远端骨折的复位

（1）桡骨远端背侧缘骨折：两助手牵引后，前臂旋前位，术者将两手拇指压于远端骨折块近侧，其余四指环抱腕部掌侧，远端助手在牵引过程中背伸腕关节，此时，术者两手拇指向远端推挤骨折块，骨折即可复位。

（2）桡骨远端掌侧缘骨折：两助手牵引后，前臂旋后位，术者将两手拇指压于远端骨折块近侧，其余四指环抱腕部背侧，远端助手在牵引过程中掌屈腕关节，此时，术者两手拇指向远端、背侧推挤骨折块，骨折一般即可复位。

4. 药物治疗的要点

骨折的治疗主要以外敷药物为主，根据"敷药以对症为要"，骨折接上以后，外敷接骨散或活血散。根据临床观察，敷上药物以后，首先痛止，其次肿消，然后瘀散，并有促进骨痂生长的作用。敷药要对准伤处，也要认清症候，什么症敷什么药。桡骨远端骨折只敷1~2次接骨散，即改用活血散，或接骨散、活血散各一半。因敷接骨散后，骨痂容易长牢，不利于逐渐恢复关节的活动。治疗骨折是以手法为主，药物为辅。

5. 夹板的固定及包扎要点

根据"固定应多考虑为要""包扎以多起作用为要"采用"靠"的方法，用薄木片作为外固定材料，该材料特点是选材方便、经济、韧性好，可塑性较强，可根据患者的实际情况进行裁剪。夹板内侧用棉花做衬垫及两端边缘稍向外折弯，防止压伤皮肤。固定用四块夹板，伸直型采用掌屈尺偏位固定，桡背侧夹板超腕关节；屈曲型采用中立位固定，掌侧桡侧超腕关节。对于特殊类型的桡骨远端背侧缘骨折需固定于背伸旋前位，而桡骨远端掌侧缘骨折需固定于掌屈旋后位；对骨折突起处，增加压垫，伸直型在桡背侧增加压垫，屈曲型在桡掌侧加压垫，背侧缘骨折在背侧加压垫，掌侧缘骨折在掌侧加压垫。包扎时不要随意，务必使包扎起到应有的作用。包扎固定后前臂三角巾悬吊于胸前，远端处于高位。处理后要叮嘱患者定期复查，注意患肢肿胀和血液循环情况，及时调整外固定的松紧度。要定期做 X 光检查，以了解骨折对位及愈合情况。需要特别指出的是，桡骨远端掌侧缘骨折极不稳定，很难保持骨位，若复查骨位丢失，则建议手术内固定治疗。

6. 功能锻炼的要点

早期指导患者进行握拳及伸指活动，能促进局部血液循环，以利肢体肿痛的消退。并适当做肩肘关节活动，后期做腕关节锻炼。注意早期避免做旋转运动及腕关节屈伸活动。

（三）第 5 跖骨基底部骨折

病例 1

刘×，男性，54 岁，工人，初诊时间：1959 年 6 月 6 日。

主诉：扭伤致左足疼痛、跛行 3 h。

现症：患者就诊前 3 h 下楼时，不慎左足内翻位扭伤致左足外侧疼痛、肿胀，可站立，可勉强行走，但行走时疼痛明显，跛行严重，故来就诊。

查体：左足背外侧肿胀明显，第 5 跖骨基底部压痛明显，未扪及明显骨擦音，于外踝下方可触及痛性筋结，左踝及足趾活动良好。X 片提示："左足第 5 跖骨基底部骨折，断端稍显分离移位"。

诊断：左足第 5 跖骨基底部骨折。

辨证：气滞血瘀。

辨证分析：患者因外力作用扭伤致第 5 跖骨基底部骨折，故见局部肿胀、负重疼痛。筋脉受损血溢于脉外，积于皮下，故局部肿胀、疼痛。证属"气滞血瘀"。

治则：行气、活血、消瘀、止痛。

治法：给予手法分筋、理筋，术者用拇指与食指捏住患者骨折块，将其向内侧及跖侧行"卡、挤"手法复位，最后给予镇定手法。外敷活血散，内服活络丸。患处外侧给予"L"形纸夹板固定，夹板足底 1.5 cm、足背 3 cm，将一棉花压垫放置在骨折块的后外上方，左踝部"8"字绷带外固定于足踝外翻外展位，尤其避免内翻位。嘱其回家休息，伤足避免负重，以伤足抬高为主，偶可下垂。

第 4 日复诊：外侧夹板固定稍许松动，足部肿胀较前减轻，左足外侧压痛存在，未扪及骨擦音，趾端感觉、皮温、运动良好。施以理顺等手法，继续外敷活血散，内服活络丸，夹板固定左足，绷带固定左足踝于外翻、外展位。回家继续抬高左足，尽量避免下垂而加重肿胀。

第 7 日复诊：外侧夹板固定稍许松动，局部肿胀大减，左足外侧压痛存在，但明显减轻，骨折断端对位可，未扪及异常活动，趾端感觉、皮温、运动良好。施以理顺手法，改用活血散、接骨散各一半外敷左足，内服活络丸、接骨丹。夹板固定同前。嘱其回家可逐步增加伤足下垂时间，以足下垂为主。

第 14 日复诊：已不感疼痛，左足肿胀轻微，足下垂过久后轻度肿胀，压痛轻，继续施以理顺手法。薄敷接骨散，停用内服药物。"8"字绷带外固定踝、足于中立位，取硬底皮鞋一双，患者穿硬底皮鞋扶拐逐步行走。

第 21 日复诊：行走时轻微疼痛，左足肿胀轻微，行走后轻度肿胀，压痛轻，继续施以理顺手法。继续薄敷接骨散。"8"字绷带外固定踝、足于中立位，继续穿硬底皮鞋行走，逐步弃拐行走。

第 28 日复诊：行走时无明显疼痛，左足肿胀不明显，行走后亦无肿胀，压痛不明显，已弃拐穿硬底皮鞋正常行走。患者已痊愈，嘱再穿硬底皮鞋行走两周，避免再次扭伤。

病例 2

张××，男性，58 岁，工人，初诊日期：1959 年 6 月 6 日。

主诉：左足跌伤 7 h。

现症：患者 7 h 前下楼梯时，不小心左足呈内旋位跌倒，伤后当即不能站立，迅速肿胀疼痛，不能行动而来就诊。

查体：左足背外侧肿胀明显，局部压痛，未扪及骨擦音，但于外侧外踝下方触及痛性筋结，摄片示："左足第五跖骨骨折"。

诊断：左足第五跖骨基底部骨折。

处理：手法分筋、理筋，"卡、挤"手法复位、镇定，外敷接骨散，内服活络丸，未予特殊固定。

第2次复诊：肿胀全消，压痛锐减，可扶拐行走。处理手法于骨折部"卡、挤"，踝下分筋，改外敷活血散。

第3次复诊：足部乏力，扶拐行走不能持久。处理同前。

第4次复诊：疼痛偶现，足部持力渐增。处理同前。

第6次复诊：去拐，走路已无痛苦，唯用力转动患足时出现微痛，处理同前。

第7次复诊：计25日，活动时疼痛全消，恢复正常工作，痊愈停诊。

按语：

1. 病因及复位机理

一般的足部运动、肌肉收缩，有时也可造成跖骨基底部的损伤。如在石子路上行走，或走扶梯、下楼时用力不当，足向内翻时，由于腓骨短肌收缩，对抗足内翻力，可造成第5跖骨基底部骨折（因腓骨短肌是止于第5跖骨基底部结节）。轻者引起裂隙骨折，重者骨折断端可以完全撕脱而移位。可见即使损伤暴力轻，或无明显跌倒或直接挤压，亦有可能造成足跖骨基底部骨折。可根据此损伤病理机理采用相应的治疗方法。如果要将骨折断端复位固定得好，应以远端骨片凑近端骨片。用手法"卡、挤"进行复位，必须把足踝关节放置在外展、外翻位固定，使腓骨短肌张力放松，则断端间隙可碰得又牢又紧，便于加速骨折愈合。少数骨折块翻转的病例，骨折块绕断骨纵轴向前旋转，同时绕足横轴在矢状面上向后旋转。因此复位时有一定困难。这时需先放松腓骨短肌，术者用拇指与食指捏住骨折块，先纠正矢状面上的旋转移位，然后将骨折块向后旋转一定角度，再将其向内侧及跖侧挤压，方可复位。

2. 诊断及鉴别诊断

（1）诊断：第5跖骨基底部骨折比较容易诊断，主要根据如下几点：①受伤史，内翻位扭伤居多；②临床表现，踝、足肿胀、疼痛、跛行或不能行走；③查体：第五跖骨基底部压痛，有时可扪及骨擦音；④结合X片检查结果可以确诊。

（2）鉴别诊断：须与一般踝关节外侧软组织损伤、韧带止点撕脱等症鉴别。此两者都是足内翻位受伤，都表现为踝、足外侧的肿胀、疼痛，但踝关节外侧软组织损伤、韧带撕脱压痛点在外踝尖、外踝前下方、跗骨窦等部位，而第5跖骨基底部并无压痛。本病压痛点在第5跖骨基底部非常明显，有时可扪及骨擦音。再结合X片可以明确鉴别。

3. 固定方法

取硬纸板一块，剪成"L"形，夹板足底1.5 cm、足背3 cm，并在底部一侧保留一小块突起；大小依患者足部大小而定，再准备一厚度适中的棉花压垫，骨折复位后，将压垫放置在骨折块的后外上方。纸板突起部分对准外踝下方，以外侧包绕足的背侧和跖侧，不固定跖趾关节；用绷带由足内侧经足底向外，绕踝关节前方至后方，在外侧作"8"字交叉固定，以维持足的外翻。对无移位骨折，仅用纸板加压垫法固定2周，穿硬底皮鞋行走4周。对骨折块有明显移位者，则先行闭合手法复位，再以纸板加压垫固定3周，再穿硬底皮鞋行走3周。硬底皮鞋可以比较好地对骨折断端进行固定、加压，但一定要选择合脚的皮鞋。

4. 药物治疗

第5跖骨基底部骨折的治疗主要以外敷药物为主，早期肿胀明显，外敷活血散、内服活络丸，以活血化瘀、消肿止痛，待肿胀减退后，逐步减少消肿药物的应用，逐渐增加外用接骨续筋药物，直至完全使用接骨续筋药物。

5. 手法治疗

第五跖骨基底部骨折易导致足背的肿胀难消，手法以理筋、分筋手法为主。通过药物、手法治疗可达到早期消肿止痛的功效。

6. 功能锻炼的要点

早期要以足抬高为主,一般1周左右,1周后可开始逐步下垂,以适应体位的变化,为后面行走负重做准备。同时伤后积极鼓励患者行足趾的屈伸活动、下肢的抬高运动。

通过以上疗法,第5跖骨基底部骨折的患者一般在4~6周可以痊愈。

(四) 锁骨骨折

顾××,男性,7岁,学生,初诊日期:1959年5月12日。

主诉:左肩撞伤已4天。

现症:4天前跑步时不慎被石块绊倒,左肩撞于双杠柱上,当即感到疼痛,影响左臂活动,尤其当左臂上举时疼痛加重。

查体:左锁骨中部隆凸,稍肿,抬臂时有骨擦音,触及锁骨近端向左上方移位,压痛明显,X线拍片提示:"左锁骨骨折"。

诊断:左侧锁骨中部骨折(错位)。

治法:"卡、挤"手法复位,外敷接骨散,局部加硬纸板,腋下加棉垫,以"人"字绷带包扎固定。

第3日复诊:疼痛减轻,抬臂下落时仍有响声,手法理顺,外敷接骨散,除去硬纸卡板,包扎同前。

第7日复诊:左臂外展上举运动接近正常,骨擦音及自觉疼痛均消失,敷药包扎同前。加服活络丸1日2次,1次1丸。

第10日复诊:局部肿胀全消,压痛消失,患侧肩关节恢复正常功能活动,手法理筋后改敷活血散,不予包扎固定。6月5日随诊,已痊愈,停诊。

按语:

1. 病　因

锁骨可因直接暴力或间接暴力而发生骨折,其中以间接暴力而引起者较多,患者往往因跌倒时以手臂先着地或屈肘位肘部或肩部先着地而产生,至于直接暴力如棍棒打击而致的锁骨骨折则较为少见。

2. 症　状

锁骨骨折在临床上甚为多见，如无明显之畸形发生，在检查时若稍不注意，常易忽略，尤其在幼儿发生骨折时，因患儿不能说清疼痛部位，家长常因小孩跌倒后不敢活动患侧上臂，每一次活动就引起疼痛哭闹而来就诊，这样就会把医者的注意力引向其上臂或肩关节，而忽略了对锁骨部的检查。故当检查这类不敢活动上臂的患者，在检查肩关节的同时必须检查锁骨，才不致将其漏诊。锁骨骨折后患侧之肩下垂，且头也偏向患侧，患臂不敢活动，做上举动作时骨折处疼痛明显，患处可有肿胀，高凸畸形，压痛及骨擦音。儿童常发生锁骨骨折，症状往往不典型，只是当大人牵拉其患侧之手行走时，每每引起哭闹说锁骨部疼，如有这种现象就应考虑锁骨骨折的可能。

3. 治　疗

患者取坐位，嘱患者两手叉腰，术者以一手握患臂上提，使患侧肩部略向上耸，另一手触摸骨折处，将错位之骨端进行"卡、挤"和"按、压"手法以促进其复位，另外在手法"卡、挤"的同时，还可将患侧之臂作轻微的活动以帮助"子骨寻找母骨"，使骨折断端能确切复位，手法完成后在骨折部外敷接骨散，再将马粪纸叠成两层作为小压板压于骨折断处之敷料上，最后于患侧腋下置一棉垫，然后做"人"字绷带包扎固定，初次处理即完成。以后每隔3~4天复诊一次，于第2~3次复诊时，术者可以一手"卡、挤"固定患处，另一手扶其上臂缓缓加大肩关节的活动度。一般半月左右即能痊愈，患侧臂的活动亦能完全恢复。

（五）肩部寒凝气聚（肩关节周围炎）

病例1

康×，男性，45岁，机关干部，初诊时间：1958年8月12日。

主诉：左肩疼痛5月余。

现症：患者于5月前无任何外伤原因，突然发现左肩疼痛，且逐渐加剧，以至肩关节活动受到限制，左手摸不到头，外展、后伸均不利落，每日穿脱衣服均需人帮忙，夜间入睡困难，时而痛醒，尤其不能压迫患肩，遇天气暖和时略微减轻，天气寒冷时加重，曾经电烤、针灸、按摩未见明显疗效，故于今日来我院就诊。

查体：左肩皮肤情况良好，无明显肿胀、无明显肌肉萎缩，肩关节周围压痛明显，三角肌发僵，尤其肩髃、云门明显，左肩外展70°、前举80°、外旋0°、内旋至第四腰椎棘突部。

诊断：左肩关节周围炎。

辨证：寒凝气聚。

治法：点穴按摩，取中府、云门、天府、臑俞、肩髃、尺泽、合谷诸穴，其中云门、肩髃、尺泽、合谷为其重点。继作白蟒吐舌、太极磨子手、缠丝磨子手，提弹横梁筋、腋后筋及海底筋。内服活络丸，亦教其体功荡臂练习，日行3次，每次30~50下。

第8日复诊：疼痛较前减轻，肩关节活动有明显改善，外展增加至80°，前屈增加至90°，外旋增加至10°，后伸反背可扪及第二腰椎棘突部。对患者施行白蟒吐舌、太极磨子手、缠丝磨子手，提弹横梁筋、腋后筋及海底筋。内服活络丸，继续体功荡臂练习。

第13日复诊：肩部疼痛进一步减轻，夜间可以入睡，偶尔痛醒，较往日明显好转，继续同前治疗，增加做体功大圆手、爬墙练习。

第15日复诊：活动度进一步增强，疼痛减轻，已可以自行穿脱衣服，治疗无特殊变化，体功练习以患者不感明显疼痛为度。

第28日复诊：疼痛轻微，夜间可轻易入睡，一般无夜间痛醒现象，肩关节外展至90°，上举至130°，后伸反背拇指指间可扪及十二胸椎棘突部，继续前述手法，内服活络丸，增加做白鹤展翅、白马分鬃体功。

58日后，肩疼完全消失，活动范围与健侧一样，痊愈停诊。

病例2

伍××，女性，45岁，缝纫工人，初诊时间：1958年8月13日。

主诉：左肩疼痛1年余。

现症：患者1年前因左手提重物时不小心扭了一下，当时即感左肩疼痛，唯不甚剧烈，曾作针灸治疗未见效。以后经常有痛感，关节活动受到限制，左侧睡卧时亦疼，抬举患肢和做重活时疼痛增加。

查体：患肩外展100°，上举40°，翻摸背可以触及肩胛下角，肩部发僵欠柔软，肩髃穴压痛，云门、臑腧亦然。

诊断：肩关节周围炎。

治法：点按云门、天府、肩髃等穴，重按云门、臑腧及肩髃穴，继行白蟒吐舌、太极磨子手、缠丝磨子手、屈肘反背、翻掌通臂、弹横梁筋、腋后筋及海底筋等。内服活络丸，并教其体功练习，日行荡臂3次，每次30~50下。

第10日复诊：肩痛减轻，关节活动进步，增加体功大圆手练习。

第20日复诊：可抬举及持重物，疼痛显著减轻，向左侧卧睡亦不疼。

第40日复诊：肩部疼痛消失，可自行穿脱衣服，抬举、外展、后伸诸功能恢复正常。唯提熨斗过久时稍现隐疼。60日后痊愈停诊。

按语：

1. 病　因

肩关节周围炎，大多为肩部寒凝气聚，常发生在40~50岁成年人，女性多于男性，由于感受风寒或寒湿，积久寒凝气聚引起。左侧较右侧多见，双侧同时发病者少见。早期表现仅以疼痛为主，或仅有轻微隐痛或有肩关节不适和束缚感；继则疼痛逐渐加重，夜间尤甚，常影响睡眠，肩关节活动也逐渐受限；最后形成"冻结状态"，肩关节活动完全受限。本病在中医学上属"痹证"范围，又称为"五十肩、漏肩风、肩凝症、冻结肩"等。

中医认为，人过中年阳气虚弱，正气渐损，肝肾不足，气血虚弱，营卫失调，以致筋脉肌肉失去濡养，遇有风湿寒邪外侵，易使气血凝滞，阳气不布，脉络不通故发本病。因此其病因主要有以下两点：

（1）正气内亏。"七七肾气衰"，人到50岁左右，肝肾精气开始衰退，或劳逸过度，或病后体弱，致气血不足，筋脉得不到充分滋养，日久筋脉拘急，营卫失调。《中藏经·五痹》曰:"肾气内消……精气日衰则邪气妄入"。《太平圣惠方》曰:"夫劳倦之人,表里多虚,血气衰弱,腠理疏泄,风邪易侵……随其所惑,而众痹生焉"。现代医学家刘渡舟在《金匮要略诠解·血痹虚劳病脉证并治》中曰:"凡尊荣之人,则养尊处优,好逸恶劳,多食肥甘,而肌肉丰盛,不事劳动则筋骨脆弱,以致肝肾虚弱……阳气虚,血行不畅,重因疲劳则汗出,体气愈疲,此时加被微风,遂得而干之,则风与血相搏,阳气痹阻,血行不畅。"

(2)邪气外侵。居住潮湿,中风冒雨,睡卧露肩等,均可致外邪内侵,寒湿留滞于筋脉,血受寒则凝,脉络拘急则痛;寒湿之邪浸淫于筋肉关节,以致关节屈伸不利,如张子和《儒门事亲》曰:"此病之作,多在四时阴雨之时,及三月九月,太阳寒水用事之月,故草枯水寒为甚,或濒水之地,劳力之人,辛苦失度,触冒风雨,寝处津湿,痹从外入。"又如《普济方》曰:"此病盖因久坐湿地,及曾经冷处睡卧而得。"

2. 症 状

疼痛是本病的主要症状,可以分为钝痛、酸痛或刀割样痛(有时向肩胛骨及上臂放散),以夜晚及气候转变时为重。有的是急性发作,但多数是逐渐加重。病期可为数周、数月甚至数年。于肩部云门处有压痛,个别病例有时在肩胛冈上曲垣穴附近或臑俞穴部,可能找到痛点。肩关节主动或被动外展、前举、内外旋均受限制,因此患者脱衣服亦感困难,肩部疼痛、肩部筋络发僵。

3. 治 疗

(1)手法治疗。此类疾病疗程较长,一般需1~2月,就诊之初,须向患者说明,使其建立长期治疗的信心。患者取坐位,医者立于患侧。先点压云门、曲垣、臑俞等穴位,同时搬动云门处筋络,再理肩部横梁筋及肩背部诸筋。在理筋时,发现有筋结者可再行分筋法。然后依次行白蟒吐舌、太极磨子手、缠丝磨子手以及上举通臂、过胸通臂和屈肘反背翻掌通臂等手法。最后弹胸筋、背筋、海底筋,并点曲池、合谷诸穴以通其窍。在治疗中常需配合治疗健侧,以防健肩继发本病。健侧手法可以简单,有时仅行白蟒吐舌、点曲池、合谷穴，配合通臂手法即可。

（2）药物治疗。① 内服活络丸。一般患者均宜服用，先由少量开始，以后量可递增（但不能一次超过 2 丸）。② 外敷活血散。如患者疼痛剧烈，症状较重者，可外敷活血散（热酒调或者开水调均可）。③ 内服除湿酒。如在冬季能饮酒而病情又较重的患者，可与活络丸交替服用（晨服药丸，晚服药酒）。

（3）体功练习。在初次治疗后，即可教患者做 1~2 个动作。一般宜先做荡臂练习，待病情好转，关节活动范围增大时，再加做大圆手、爬墙练习，待外展达到 90°后再加做白马分鬃、白鹤展翅等动作练习。每个动作每次做 20~30 下，一日 3 次，必须坚持到治愈为止，切忌疏懒中断。

（六）踝关节扭伤

赵××，男性，43 岁，××区生产队队员，初诊时间：1958 年 11 月 19 日。

主诉：扭伤致右踝肿胀、疼痛 20 余天。

现症：患者于 20 余天前劳动时扭伤右踝，当即感疼痛，后逐渐肿胀、瘀青，走路时右踝关节内部胀痛，曾到中医正骨诊所行外敷药物治疗，无效，后又经西医治疗，注射盘尼西林，肿胀消减，但行走胀痛仍然明显，感效果不佳，需扶拐勉强走路，不能参加工作，遂到我院门诊就诊。

查体：右足踝关节周围呈重度肿胀，皮下瘀血明显，按之凹陷，外踝下方压痛极为明显，内翻时疼痛明显，内外踝骨质无明显压痛，未扪及骨擦音，右踝屈伸和内收、外展动作皆有轻度障碍，右足背动脉可扪及搏动，足趾活动良好。

诊断：右侧踝关节扭伤。

辨证：气滞血瘀。

治法：自小腿中部两侧开始向下理筋至趾部，约 4~5 次。

点穴：合阳、三阴交、昆仑、申脉、丘墟、照海、商丘、太溪等穴，并镇定涌泉穴。

"内外磨"法及"伸屈"镇定。

外敷活血散。

11月26日3诊：肿消大半，已弃杖行走，且不现跛行，外踝后下方尚有中度压痛，按之足背发热作胀，处理同前。

12月3日5诊：肿已全消，压疼轻微，平时除觉关节稍欠灵活外，别无其他不适，已参加工作。处理同前，加练起落升降，日行3次，每次30下。

12月13日8诊：一切症状消失，痊愈停诊。

按语：

1. 病　因

踝关节扭伤是软组织损伤中最常见的一种，一般发生在扭转和跌落之际，其致伤机理是：足部踏于不平的地面或滚动的物体上，使体重的力线与体轴发生变化，而使足部呈过度的内翻或外翻，致该部之肌肉、血管和跗骨筋产生程度不等的伤害。此类损伤以青壮年多见，这和这类人劳动强度大、运动范围广有关；在职业上以建筑工人、运动员、舞蹈工作者等的发生率为较高，此与他们的运动急剧或工地、道路、场地不平等方面有关。踝关节的扭伤，绝大部分是因足内翻引起的外侧跗骨筋的损伤，足外翻引起的损伤较少（并且很少是单纯性的伤筋），因为内侧跗骨筋相当粗壮有力，在强大的外力作用下才可能出现足内翻引起的损伤（当然有时也有不并发骨折的情况）。

2. 症　状

踝关节扭伤后其症状不一，轻者，局部出现疼痛、压痛、运动痛、跛行及轻度浮肿等；重者，伤后即出现肿胀（血肿及皮下瘀血），剧痛及运动功能障碍，甚至不能着地行走等。如有跗骨筋撕裂，骨缝错动还可出现畸形。

3. 诊　断

（1）望诊。望肤色、踝关节肿胀程度及运动功能的障碍等，一般可以表明疼痛的轻重及损伤的程度，部分患者也有足部的内翻、内收的偏斜畸形，这与外侧跗骨筋薄弱常致断裂损伤有关。

（2）问诊：①询问受伤当时的体位姿势（内翻或外翻）等情况。②询问患者自觉苦痛症状：疼痛的性质、肿胀的变化及功能受限情况。③询问曾经是否曾拍摄 X 片或其他治疗等处理。

（3）摸诊。扭挫伤在摸诊方面的特点是"外肿而内乱"。内乱是指伤部周围之筋或有结聚，或有驰缩，或软或硬，或凹或凸等病理现象。压痛明显处亦常与以上部位吻合，踝关节的压痛点在踝之下方及前方。

4. 治　疗

（1）治疗原则。重伤：手法、药物、体功并重，换药宜勤，手法以理顺、点穴为主。轻伤：以手法、体功疗法为主、药物为辅，手法以点穴为主、分筋外磨为辅。

（2）手法治疗。

① 位置：患者坐高凳，术者坐矮凳，于患者伤侧，将患者伤肢置于术者大腿上。

② 手法。

理筋：首先理筋顺气，自上而下依次施行，约 4~5 遍后，改行点穴手法。

点穴：点穴之前应在理筋时有目的的找到压疼最显著的地方，以此作为点穴重点。手法操作的要求：a. 点穴应注意轻重，既要达到医疗有效的强度，又要使患者能够忍受。b. 点穴手法宜缓慢有力，若手法过快，其力仅在肤表，既不能收敛，且使患者疼痛不适，徒劳无益。因此手法必须稳力深压、力透肌肤，才能收到很好的效果（如施之得法，患者可有既酸且胀、又疼又舒服的感觉）。点按后气通肿减，轻症即可恢复正常活动，重症亦能减轻痛苦。

通常所取穴位，按主次先后的顺序有：a. 踝关节外侧损伤，取丘墟、申脉、昆仑、商丘、解溪等；b. 踝关节内侧损伤，则取太溪、照海、商丘、昆仑等。有时外侧伤加阳陵、足三里、承山；内侧伤加地机、蠡沟、三阴交。点穴的时间长短无硬性规定，须根据患者体质、受伤的程度而有所不同，一般按至患者感到疼痛减轻或不疼即应停止。点穴完毕再行理顺手法 2~3 遍。c. 内磨外磨与镇定法：内磨合準，外磨活动关节囊，镇定伸筋，各有目的。以左踝为例（坐位与前同），术者右手握于足跖远端，以小腿长轴为轴心作内外旋转各 10~20 下（新伤少转，旧伤多转），最后用力使踝背屈，镇定 1 min，同时并连续伸屈 5~6 次，治疗手法至此告终。镇定时也可配施小腿拔络手法。

然后让患者站起来作下蹲、踏步及行走动作，行走时足必须放平，身体重量平均放于两腿，保持端正步姿。

（3）药物治疗。活血散外敷。肿胀严重者每日或隔日换药1次；肿胀轻微者可2、3日换药1次。有些患者敷活血散数次后，外表看起来已无肿胀，但活血散仍与皮肤黏附很紧，这证明内部还有瘀血未消尽，仍须续敷。若外观肿消、活血散已不黏着，则可停敷。内服活络丸。陈旧性踝关节损伤患者冬季可加服活血酒。

5. 体功锻炼

踝关节扭挫伤初期，重症患者大多失去工作能力，一般主张休息，但完全不动易使气血受阻，故非良策，因此即使肿胀未消，也要给予一定的功法锻炼，命其遵嘱练习，这样可以促进血脉流畅，促使肿胀瘀血尽快消退和吸收，防止瘀血凝结以免关节生垢之弊。临床观察，大部分患者经治疗和体功锻炼后，疼痛及活动等自觉症状即大有改善。

（1）踏步：在新伤肿胀瘀血显著、关节功能受限者适用，开始练习可以单手扶于桌沿或椅背（左踝扭伤，左手扶桌），借以支持部分体重。两脚提放，协调进行，提脚由低到高，放脚务须平稳，日行3~5次，每次20~30下，若逐渐疼痛减轻，就逐渐增加练习。这一练习可增强患者信心，为接受活动范围更大，活动量更强的操练准备良好基础。

（2）起落升降（下蹲）：适用于初期或中期之关节活动障碍。腿部无力关节不稳的患者。

（3）转膝：适用于后期患者，如关节僵硬，旋转和屈伸活动不利。每日3~4次，每次左右转动各30起数。认真练习能较快地恢复关节的灵动程度。

6. 禁　忌

凉水浸洗及好逸恶劳。

（七）肘关节挛缩

康××，女，6岁，初诊时间：1959年1月9日。

主诉：患儿左肘关节屈伸受限约44天（其母代诉）。

现症：患儿于74天前从小凳子上摔下，当时出现左臂疼痛肿胀不适，伴活动受限，于是到当地县医院治疗。检查提示："左臂肱骨骨折"。并在全麻下切开整复，石膏固定。1月后患儿拆除石膏，发现患侧肘关节不能伸展，屈亦受限，于是来我院治疗。

查体：患儿左肘关节处可见一块大小约（2×2.5 cm）手术瘢痕，折口不平，患肘伸110°，屈90°。X线检查：左肱骨远侧端三分之一段陈旧性骨折，已完全愈合，因对位不佳，骨干略呈畸形，肘关节及所属其余诸骨未见异常。

诊断：左肘关节外伤性废用性不全、挛缩。

治法：患儿取坐位，术者坐于对面。先局部点按患儿尺泽、曲池等穴位，再理筋、分筋（分刮疼点或上、下筋结），按摩、拨络，最后进行外磨（即被动旋转肘关节，左右数相等），屈伸肘关节及弹海底筋、肘筋及点按合谷穴。然后进行完内磨手法后，行被动屈曲镇定和"中流砥柱"手法，最后再行外磨法，如此重复2~3次，并配合外擦活血酒。

1月24日复诊：手法治疗后，测患肘伸140°，屈70°，有所进步。手法仍重复，重点在内外磨及伸屈镇定。

4月23日复诊：患儿经过治疗后，患肘伸150°，继续进步；屈75°，较前差。

从5月6日起改每周治疗3次，至7月23日因患儿母亲急需回原单位，暂时停诊。于此期间中途因事因病二次中断治疗约3周，故总计治疗近半年时间，测量进步情况为：伸展175°，明显进步；屈仍70°。

按语： 肘关节挛缩，在临床上并不常见，但还是可遇到。造成肘关节挛缩多是因为受伤过后没有及时治疗或治疗不当，从而造成的一种筋络粘连与关节功能障碍的损伤后遗症，不同程度地影响患者劳动能力和日常生活。杜老认为，此病若抓紧时间治疗，即使肘关节挛缩已形成，但不少患者仍可以获得痊愈。所以无论是医生还是患者都应该予以重视，建立信心和耐心，并做到持之以恒，坚持稍长的治疗时间，忍受一些治疗初期的痛苦，常可得到满意的效果。

1. 病　因

杜老认为,关节挛缩的造成有以下几种原因:①肱骨髁、鹰嘴突、桡骨小头等骨折伤后治疗不当,从而形成后遗症。②肘关节脱臼整复后,没有重视肘关节活动,或因关节囊及其周围组织的撕裂,出血肿胀,消散不全,筋络粘连而引起肘关节的挛缩。③肘关节附近软组织受伤后固定过久而致挛缩。从现代医学来看,肘关节挛缩根据病理学可分为外部挛缩、内部挛缩或两者都有的挛缩。外部挛缩主要发生在关节囊、韧带和关节周围的肌肉。肘关节在受损之后,前部和后部关节囊常发生增生、肥厚、挛缩。随着肘关节僵硬加重,肘关节周围的侧副韧带和肌肉可发生继发性挛缩。其他外部挛缩的原因还包括闭合性桡骨头、肱骨小头损伤、烧伤或肘关节骨折脱位等而发生的异位骨化。而内部挛缩常由关节软骨破坏、退变、畸形愈合、骨赘形成及关节内游离体等所导致的关节内粘连而形成。关节内挛缩也常常继发关节囊、韧带和关节周围肌肉挛缩,趋向于混合性挛缩。

2. 症　状

该病例患者自述在肘关节受伤后,虽然已经治疗,但肘关节的屈伸功能受限,甚至受限程度在逐渐加剧,连洗脸、梳头、穿衣等简单的日常操作都完成困难。在查体时,可发现肘关节主动活动和被动活动时屈伸幅度也有不同程度的变化,肘关节四周软组织都变硬而缺乏弹性,甚至附近的组织发僵成死板状,与深部组织互相粘连起来。

3. 治　疗

一般以手法治疗为主,同时配合药物和坚持体功锻炼。

(1)药物方面:予以外擦活血药酒,每日2~3次,视情况而定;配合口服活络丸,早晚各一次,饭后服用。

(2)体功锻炼方面:根据患者情况,练习各种活动量不同的体功或体育疗法,如初始阶段可做些广播操,循序渐进,可做单杠上的悬吊牵拉及俯卧撑等运动,以改变其屈伸的幅度。还可练习豹掌、一指鞭法、双飞手等体功。

(3)手法方面:一般隔日施行一次。在患者刚开始接受本法治疗时,术者初期手法必须轻柔一些,经过数次至十数次治疗,待患者开始适应后,才逐渐加重手法。但即使已能适应，仍须注意手法的轻重，以患者能忍受为度。在治疗时，最好和患者交谈，以分散其注意力，从而减轻其疼痛感。本病须坚持治疗，才可获得功能恢复。

手法操作的大致顺序如下：

① 先行分筋按摩。术者用拇指轻压患者的患处皮肤，向上推移少许，使皮肤移向上方，然后用力深压并向下分拨，以便深部组织受到指部的力量。操作时，拇指始终保持深压按擦与分筋二法同施。宜缓宜匀（酌情单行分筋手法亦可）。最常按擦分筋的部位，是肘关节屈面的内侧和外侧，相当于曲池和尺泽穴位，一般在这两处可摸及大小不等的痛性硬块，筋缩、筋结即存于此。此外在相当于少海、天井穴位及其他肘关节周围的筋硬化之处，亦一一予以分筋按摩，每个部位可行 20~40 下。再行内磨法，一手握住腕部微加牵引，另一手抓住患肘后侧，以上肢长轴为轴心，作肘部正反旋转磨动各 30~50 次。接下来再行外磨法，做大范围的正反划圈动作各 50~100 次。外磨法后，行肘关节的屈曲镇定，一手握其患肘之后侧，一手推其腕部，使其肘部渐渐屈曲，直到患者不能忍受时为度。避免操之过急，适度时则停止不动，镇定 1 min 左右，然后渐渐将其伸开。最后采用中流砥柱法行伸展镇定，镇定 1 min 左右，然后渐渐松劲放回。以上各手法完成后，理筋掐按即算完毕。或再重复 1~2 遍也可，最后配弹海底筋及自上往下的掐按手法，患者可觉松快灵活。

（八）膝关节损伤

病例 1

倪×，男，28 岁，职业：军人，初诊时间：1958 年 4 月 1 日。

主诉：左膝扭伤 7 日。

现症：患者一星期前在下楼梯时，左脚不慎踩空，身体向左晃动而蹲倒，左小腿盘坐于臀下，当时出现左腿发麻，后被人扶起，不能行走，待休息 20 min 后才敢缓慢行走，当时即感左膝关节伸屈时疼痛，逐渐出现左膝关节肿胀。第二日疼痛与肿胀加重，伴活动受限，行动不便，只能靠扶拐以勉强移步。

遂至某医院就诊,拍片检查未发现骨折,院方考虑诊断为:"内侧半月板损伤",予以卧床休息,内服止痛、消炎片。数日来肿、痛皆不减轻,疼痛反而日渐加剧,现为求进一步治疗,故来本院求诊。

查体:左膝关节周围皮肤无破损,皮色稍红,无瘀血,关节活动受限,伸屈皆有疼痛产生,扶拐跛行,足不敢着地。膝关节内外侧皆有明显压痛,髌骨外上角有筋结,外侧腓骨小头内下方,有筋僵现象,按之疼痛。

诊断:左膝关节扭筋阻气(伤筋错位)。

治法:(1)手法。点痛点穴、泉眼、合阳等穴,理筋,分筋,滚摇,前盘,后绷,跟膝镇定。

(2)体功治疗。当即行起落、升降、下蹲20下,回家后日行3次,每次20~30下。

以上手法施后疼痛大减,可以弃杖自行,跛亦减轻。

(3)药物治疗。配合口服活络丸14粒,日服2次,早晚各1粒。

予以活血散外敷,每日一次。

4月6日3诊时,患者左膝关节肿胀明显减轻,可屈膝上下楼,行路仍有疼痛但较前为轻,微跛,处理同前。

4月11日5诊时,患者左膝关节疼痛及肿胀完全缓解,活动恢复正常,痊愈停诊。

病例2

吴××,男,16岁,职业:学生,初诊时间:1958年11月14日。

主诉:左膝部摔伤1日。

现症:患者早上在上学途中不慎被石头绊倒,绊倒时左侧小腿向内,膝部着地而受伤,当即感觉疼痛,自行揉摸后慢慢站起,勉强行走,刚走数步感觉疼痛加重,休息后感觉缓解,约1 h后出现膝关节肿胀,以半屈位置较为舒适。

查体:左膝关节周围肿胀(内外侧皆肿),皮色稍红,皮肤无破损,无明显瘀血,跛行,关节活动障碍,伸直170°即出现较严重的疼痛,屈勉强可达140°。膝关节内侧和外侧髌骨前下角处有明显压痛,分离试验阳性(外侧)。

诊断：左膝关节扭筋阻气（伤筋错位）。

治法：（1）手法治疗。点穴按摩压痛点，理筋顺气，内磨外杵，外磨活动关节，前盘、后绷、伸腿镇定。

（2）药物治疗。予以活血散外敷，每日一次。

11月17日2诊：症状大体同前，肿胀与疼痛皆稍有缓解，处理与初诊相同，并加服活络丸，每日2次，早晚各1粒。

11与19日3诊：肿胀及疼痛明显减轻，仍跛行，膝关节伸屈恢复正常，内外侧压痛仍明显存在，处理同前，配合体功锻炼，起落升降，每日练习3次，每次20起数。

11月26日5诊：肿胀完全消失，伸屈皆达常态，只在完全下蹲时膝关节内侧偶感疼痛，压痛明显缓解，走路无不适，治疗同前。

11月30日6诊：患者未诉不适，无活动受限，痊愈停诊。

按语：

1. 病　因

膝关节的扭伤，其损伤的部位主要包括关节囊、附骨筋（即韧带）及骨骱面（即关节面）。前二者称筋带，筋带有阴阳之分，阴筋细弱，阳筋强火，因此相比较而言，阴筋比阳筋更容易受伤。致伤之原因虽有"凝、闪"之别，但实际上单独因"凝"或因"闪"而致伤者极少，多因"闪""凝"伤同时存在，也就是说筋带和骨骱面往往是混合受伤。

膝关节在毫无准备时发生扭闪，或做一些异乎寻常的活动时，容易造成本伤。比如当参加跳高运动时，身体前倾，落地之际往往会由于不正常的侧方冲力而引起膝关节扭闪；又如在踢足球时，因踢球的脚突然受到意外的外力阻止，致小腿外展外旋、大腿内收内旋，而使膝关节内侧附骨筋扭伤，甚至断裂（关节囊亦多与附骨筋同时受伤，有时也可单独受伤）。膝关节损伤的轻重因扭闪的程度和体位姿势不同而有所不同。骨骱面的损伤常于"凝""闪"之际参人触磨因素所致，此为软伤中之重者。

2. 症状及体征

（1）疼痛。疼痛是受伤后最早出现的症状，新伤的疼痛表现为持续性锐疼，而陈旧性损伤疼痛则多为钝疼，它可因强行活动和按摩揉捏而暂时缓解，但休息后再活动则疼痛更重。

（2）压疼点。大多数情况下，压痛点就是受伤的所在部位，这是每个受伤者共有的体征，只是程度轻重不同而已。其部位多在关节面的上下方，也就是附骨筋的附着处。

（3）肿胀和出血。除极轻微之损伤外，大部分患处都会出现肿胀，可在伤后数分钟或数小时之后出现。患处不红、按之绵绵无凹陷者，称为浮肿，是伤气；患处发紫肿大而坚实、按之下陷为实肿，是伤血。瘀血一般出现较肿胀晚（瘀血停积的部位越深，透发出来的时间就越慢）。瘀血的多少、瘀血面积的大小，通常与血管损伤成正比。

（4）运动障碍。在受伤之后，由于疼痛的限制，伤侧膝关节往往固定于半屈曲状态，患者开始活动该关节时疼痛明显，被动伸展时更痛，故患者多有不同程度之跛行，甚至出现患肢完全不能站立的情况。

损伤的关节囊内部有积液或瘀血者，可出现浮髌试验阳性，及时治疗多能使积液或瘀血迅速吸收和疏散，若治不及时，一再延误，瘀血内结，治之较难。

骨骱损伤反复磨损，常因旧伤未平新伤继起，长期瘀血不能运化，损伤不能得到恢复，血凝气滞，愈合愈趋缓慢。在体征方面的特点是跛行步态，局部可无肿胀（或既往有肿胀），在象鼻穴部（即犊鼻穴）或髌骨上缘内外两侧可触及筋结，自觉膝关节在特定姿势下疼痛锐利，平日疼痛连绵不休，上下楼梯时疼痛加剧，日久伤肢肌肉不丰，膝骱废弛，成为劳伤。若能安心医治，遵嘱调养，多有转机以恢复健康。

3. 诊　断

（1）视诊。患者就诊时应首先辨别其有无骨折或脱位，通过观察患者的步态和体位，并察看局部有无红肿和变形，按"筋伤不能伸，骨伤不能屈"的道理，多能对受伤的性质（骨伤或筋伤）、部位和伤势轻重作出初步判断。一般来说，膝关节的软伤，以关节蜷缩、伸展受限为特点。

（2）问诊。详细询问患者受伤原因、经过、当时情况、体位和受伤后的自觉症状。按"筋伤疼痛、骨伤麻"的道理,若伤后马上出现剧烈疼痛者一般多为急性软组织伤;若伤后疼痛不重反而感觉局部有麻木感者,当考虑该处有骨折发生。

(3)触诊。诊查要与按摩相结合,故触诊常与按摩同时进行。按摩可以止痛和解除局部肌肉紧张,在肌肉放松的情况下,便于发现确实的压痛点和筋的变化。筋聚者有硬结,筋断者关节动摇。陈旧性损伤通过触诊一般可在髌骨的上内角和上外角处找到大小不等的硬结,小者大如黄豆,大者大如花生米,且有压疼,重伤而有附骨筋断裂者,可摸到断裂之筋中间凹陷,两端突起,用推、理手法觉有高低不平之感。

对肿胀严重的患者,触诊不能完全达到目的,检查有疑问的情况下,可结合 X 线摄片以鉴定有无骨折。

4. 治　疗

(1)治疗原则:以辨证为要。治疗必须以细致的检查、明确的诊断为基础,分清轻重缓急,采取不同的治疗方法。

① 重伤。疼痛、肿胀、瘀血明显者并伴明显活动受限者,在治疗初期应以外敷药及适当之体功为主,内服药和手法为辅。待肿胀和瘀血减退,而疼痛不消时改为手法和体功治疗为主、内服和外敷药为辅;甚至完全不敷药只凭手法治疗结合体功练习,亦可达到治愈目的。

② 轻伤。轻度肿胀、瘀血或功能轻度受限者,以手法、体功、外敷、内服药物四者并重治疗,根据患者具体情况调整治疗主次。

③ 陈旧性损伤和原因不明性膝关节疼痛者,则多以手法治疗为主,佐以体功辅助,结合内服、外敷。

(2)治疗方法。

① 按摩理筋:手法首当理筋顺气。首先揉理大腿内侧,然后梳理合阳部(即腘窝上、中、下),再顺着大腿前侧和外侧理筋,最后理顺膝关节受伤最重处,即压痛最明显处。理顺手法需自上而下,不可自下向上推。筋伤当顺,反之为逆,倒推则起包,横推则起埂。肿胀和疼痛最明显处,可自中心部向外做放射状分理,以行气活血、舒筋活络、消肿散瘀。

② 点穴。主穴：痛点穴（也叫阿是穴，在压痛最明显处）。配穴：泉眼（又名象鼻穴，即犊鼻穴）、合阳、丘墟、昆仑等。在理筋之后开始予以点穴手法。点穴以痛点为主，手法宜先轻后重，避免手法过重而致患者晕厥。点穴的顺序与理筋相同，也是自上而下，按次施行。点穴的同时如遇筋结者则行分筋法。配合前盘、后屈、伸腿镇定、转膝和弹腿等手法实施，旨在活动关节，使气血流畅，筋位平复，疼痛减轻，临床治疗中需灵活采用，或多或少，或轻或重，随伤之轻重、患者体质强弱等具体情况变化加减。

③ 药物治疗。活血散：适用于有肿胀和瘀血者，重症每日换药一次，轻症可间日或每三日换药一次。活络丸：适用于新旧诸伤。活血酒：可以内服也可以外用涂搽患处，适用于陈旧性损伤兼见痹萎症状者。

5. 体功锻炼

体功锻炼对于伤后迅速恢复膝关节正常运动功能有着显著的作用，可使气血流畅，筋肉舒展，防止大腿肌肉萎缩和关节粘连。常用的练习方法有以下几种。

（1）起落升降（下蹲）：两脚分开与肩同宽，足尖内关，两手扶桌沿、椅背或两臂悬空向前平伸，蹲下（跟不起踵），旋即起立。重复20~30下，体力尚可者可以逐渐增加重复次数，每日早中晚各行一次。适于治疗膝关节新旧伤患。

（2）弹腿：并足站立，两手叉腰，屈髋膝跷足，迅速蹬出收回，左右交替往复，每次重复20~30下，每日2~3次。适用于陈旧性伤。

（3）转膝：两腿并立，脚尖内关，腰微前倾，双手分撑于膝上，两膝同时以前左后右的方向旋转，左右同数，每次重复20~30下，每日行3次，本练习适用于治疗膝关节陈旧性损伤、关节粘连和关节僵直的患者。

（九）失　枕

马××，女，25岁，职业：工人，初诊时间：1958年11月11日。

主诉：颈部疼痛伴活动受限1周。

现病史：一周前睡觉翻身时，将颈部扭伤，致右颈部疼痛伴活动受限，尤以前屈、后伸时疼痛加重，可上窜致头痛。曾于某医院就诊治疗，疼痛未缓解。

查体：颈椎生理曲度平直，右侧胸锁乳突肌压痛明显，可触及硬结，颈部前屈、后伸、向右旋转受限。

诊断：失枕。

治疗：① 手法治疗：患者取坐位，术者站于患者背后。术者一手使患者头颈右转，一手找出其压痛最明显的阿是穴，并以拇指按压摩擦，拨络筋结处。随后用拇指和食指对右侧胸锁乳突肌及斜方肌行弹筋手法，最后自上向下，对颈部实施理筋手法。经手法治疗后，患者诉疼痛明显缓解。② 药物治疗：口服活络丸，一日两次，一日1丸。

三日后，患者复查，诉治疗后未再出现疼痛，活动不受限。

按语：失枕，又名落枕。《诸病源候论》云："头项有风，在于筋脉间，因卧而气血虚者，值风发动，故失枕。"杜老认为，临床上所指的失枕，范围较为广泛，包括颈部扭伤、痛痹、筋僵等症。筋僵多由卧姿不良、产生肌肉僵持而得。而在工作中或活动时，颈部骤然扭转和摆动致局部筋脉损伤则为颈部扭伤。痛痹则多因风寒侵袭肩颈使气血凝滞，筋络闭塞，俗称遭受"风箭"或称"寒凝"。失枕最主要的症状是疼痛和颈部活动障碍。疼痛是最普遍的症状，痛的部位多在颈部一侧，另一侧也可受到影响，甚至影响上臂和头部。颈部活动障碍主要表现为颈项强直，脖子往往偏向一侧，活动受阻，不能俯仰，不能旋转。此外在触诊时可发现多数患者在一侧颈项部有大小不等之硬结（筋结）或条索状硬块（筋硬化），按之疼痛。对于失枕的治疗，杜老擅长应用手法配合药物。手法主要有点穴按摩、弹筋、理筋这三种手法。点穴按摩时常取最痛点，施以最痛的手法，这是一种"以痛定痛"的手法，以新痛代旧痛，待按摩完毕，新旧痛就都同时消失。杜老认为，"痕迹块核"是筋伤后的临床表现。治筋，就应该在"筋伤"部位或其附近施用手法，至于施手法力量、治疗范围，应该根据治疗部位痕迹块核的具体情况来定的。手法是宜重、宜轻，还是宜多、宜少，都应该根据指下感觉到的该处筋的病理改变情况来决定。弹筋时主要将相应侧胸锁乳突肌和斜方肌提起、快放，借以弹动经络，使气血流畅，经络疏通，以达到痊愈的目的。弹筋手法一般操作 2~3 次。理筋手法紧随弹筋手法而施,自上向下,平稳施压。理筋手法要求用力连续均匀,不太强调放慢手法的操作速度。杜老认为"手法宜缓慢有力,若手法过快,其力仅在肌表,既不能收效,而且使患者疼痛不适,徒劳无益。""手法必须稳力深压,力透肌肤,才能收到很好的效果。"维持一定深度的按压力,运指徐缓,目的有三:一用力量平稳均匀手法条达逆乱之气血;二使手法深透,有利于疏通经络之郁滞;三能使手法不失柔和之象,有利于消除筋肉之挛缩。如运指过疾,力量刚躁,除易于扰乱气血外,尚有伤筋之弊,因筋具有喜柔而恶躁的特点。手法操作完毕后,嘱患者活动颈部,体会是否仍有疼痛或活动有无受限。若疼痛缓解不明显,可再重复行一遍手法。大多数患者在一遍手法之后,症状可减轻大半或完全消失。个别患者亦有治疗后症状消失,半日后症状重现,但程度较前减轻,此类患者再行一次治疗后则可痊愈。一般两三次治疗后大都可痊愈,治疗一日一次较为合适。一般落枕的患者不需用药,若遇慢性病患者,病程在十日以上,可酌情口服活络丸。若有患者病情随天气变化而明显加重,或惧怕风寒,可适当予以活络丸或活血酒。活络丸日服两次,早晚各 1~2 丸;活血酒每日服两次,早晚各 15~25 g。

(十) 腰部损伤

许××,女性,33 岁,初诊时间:1958 年 7 月 19 日。

主诉:腰部疼痛 5 天。

现症:5 天前因搬家时不慎将腰部扭伤,当时感剧烈疼痛,放射至两小腿部,以右侧为重。目前腰部活动受限,不能直立,大便时不能下蹲,右腿抬举不便,走路跛行,腹胀便秘,曾到某医院就诊,诊断为"腰椎间盘突出症"。

查体:向前弯腰中度受限,后伸明显受限,侧弯尚可,向右侧弯有疼痛,腰眼部压痛明显,右髋眼穴有一蚕豆大小筋结,按之疼痛并放射至右小腿,其他未见异常。

诊断:髋眼穴补筋移位。

治疗：（1）自腰眼穴上部开始向下理筋至髋眼穴镇定，如此重复 2~3 次；在右髋眼穴筋结处分筋；腰眼、髋眼诸穴点按；然后外磨手法左右各 10 次；弹背筋、腰筋；最后行腿部按摩、滚摇及踝膝镇定。

（2）每日早晚饭后各服活络丸 1 丸。

（3）每日早晚行荡腿及大运转各 20~30 次。

经用类似手法，每周治疗两次，至 8 月 5 日患者症状已缓解一大半，已能坚持全天工作，唯久行后腰腿疼痛。9 月 30 日病情大大缓解，每天可工作十余小时而不感疼痛，但每到夜间腰部仍觉劳累。10 月 24 日复诊时症状完全消失，停诊观察。3 月后随诊复查，未复发。

按语：损伤不外乎"㨰、摁、闪、凝"四伤范围，但由于受伤时的情况不同，在临床上又有闪腰扭筋、气血闭塞筋络、筋硬化、筋绞等种种病理现象出现。此病多见于劳动人民，多在推、抬、担、提动作的过程中发生，如建筑工人、搬运工人等发生腰部损伤的情况较多见，另外，运动员、舞蹈工作者、杂技演员等在训练过程中伤及腰部的情形也很常见。造成腰部损伤的原因，大多是因为身体受到外来物体冲击时躲闪不及，身体失去平衡，或急跑扭转身躯过急，或弯腰取物时瞬间肌肉强烈地收缩和过度地牵扯而致。腰部损伤在症状上主要表现在伤处剧烈疼痛，重者呼吸、咳嗽、喷嚏时亦疼，活动受限，前屈、后伸、侧弯疼痛加重，抬腿时腰痛，语言声弱，行走时双手撑腰，上体倾斜，脊柱多向患侧弯曲；在腰椎棘突与棘侧膀胱经部位之腰眼穴或髋眼穴等处有明显压痛；有时局部可见红肿。轻伤者尚能活动，重伤者则卧床难起，辗转困难。诊断时需先排除骨折，并要密切注意有无内伤。在治疗上还是以手法为主，药物为辅。①手法治疗：患者取坐位（或俯卧位），术者站在患者身后（或身旁）施术。施术时，术者以双手拇指在脊柱两旁一寸许，患者诉疼痛部位之上方（约 2~3 寸处），做自上而下或自内上斜向外下的方向进行理筋，理至髋眼穴部（即髋部）给予镇定，如此交替进行数次，以舒筋活络、散壅滞。在理筋过程中往往可以发现有痛性索状肿物（或筋结），此时可于肿物局部施行分筋法并理顺之。筋结肿物在髋眼穴附近最容易出现，所以在查体时需特别注意这个好发部位。操作时亦可边分筋边理顺，分而理之，理而分之，相辅而行，使停滞之气血宣散畅通。分筋之后，可采用腰部外磨法以活动腰椎小关节，行此法时患者需取坐位，术者则在患者背后，术者一手拇指按压患者腰后病变处，另一手置患者肩上以推动患者做腰部旋转活动。在外磨过程中手指往往会摸到有物（如筋结、筋移位、筋硬化等）往来滑动，进行这项手法能促使此种不正常的筋变恢复正常，以缓解疼痛。外磨后再行弹筋法，一般腰部多用于背筋腰筋等处，但如因筋过于僵硬提弹不起，不能运用弹筋手法时，可以拨络代之。最后再行下肢滚摇手法以疏通筋络，最后以踝膝镇定法使足踝背屈而膝关节保持伸直，停留片刻结束。②药物治疗：一般轻伤可不予服药，伤重的患者则每日早晚各服活络丸1丸，若伴有呼吸痛者，晨起可改服内伤丸；有肿胀者，予以活血散外敷。一般伤重者尚可每日在患部搽敷活血酒3~5次。③体功锻炼：对腰痛剧烈的患者，宜先嘱其行踏步动作、下蹲，以后逐渐可加做打躬势、踢腿、躬尾势等动作练习。腰痛较轻者，可嘱其进行躬尾势、大运转、旱地拔葱等动作练习。

（十一）下颌关节脱臼

患者张××，女性，27岁，职业：机关干部，初诊日期：1958年1月9日。

主诉：左下颌关节反复脱臼2年。

现症：两年前患者第一次因打哈欠致下颌骨左侧关节脱臼，当时剧痛，自行复位，1月后又因同一原因第二次脱臼，但疼痛较第一次为轻，曾赴当地医院治疗无效，1956年3月24日转另一医院治疗，同样无效。同年3月26日在X线摄片时，继发右侧下颌关节脱臼，而后竟成习惯性脱臼，近半年来脱臼频繁，每当呵欠、大笑两侧均必脱臼，虽百般保护，仍不能免，平均每日脱臼约1~6次，且进食咀嚼时，常感下颌关节作响发软，有时有疼痛出现。

查体：发育中等，营养一般，言语清晰，面部无偏斜畸形，两侧下颌关节张口时有声音，局部压痛明显。

诊断：双侧下颌关节习惯性脱臼。

治疗：①点按翳风穴为主，听宫、下关、颊车、风池穴为辅；②弹颈侧筋（胸锁乳突肌）；③教会自按翳风穴手法，嘱回家自行按摩每日3~5

次，每次 50~100 下，以配合治疗。

1月23日2诊：15日来因出差下乡，诉自行按摩配治见效，曾脱4次，但呵欠时以手脱腮可免脱臼，局部疼痛亦有所减轻，处理手法同前。

3月23日3诊：前次治疗后又因出差，未能就诊，自诉自1月23日治疗后半月左右未见复发，原因可能是遵嘱每日自行按摩之故。而后因点按过多导致局部疼痛而终止，第二日起，即自行脱臼如前。处理同前，并再嘱加强信心，坚持自行按摩。

3月25日4诊：治疗后次日曾脱臼1次，以后即未见脱臼，处理同前。

3月28日5诊：仍未再脱臼，自述可能与当呵欠大笑时非常注意有关，遂嘱其不必担心，呵欠时可试行不加扶托，以观察之。处理如前。

4月1日6诊：上次治疗后至今未脱臼，呵欠时不加扶托亦未脱臼，处理同前，并嘱其缩短治疗间隔，坚持自行按摩，以巩固治疗效果。

4月11日8诊：虽呵欠亦不再脱臼，关节部之疼痛、酸软感觉基本消失，可吃一般的硬食，处理如前。

6月10日17诊：自4月11日后共来诊8次。症状逐日减轻，至今81日未再脱臼，虽大笑、吃硬食、打呵欠等均无不适，一切恢复正常，痊愈停诊。

按语：下颌关节是头部唯一的活动关节，下颌关节脱臼是临床上比较常见的一种脱臼。在正常情况下，下颌关节因有肌肉和跗骨筋的支持和固定，不易发生脱臼。但当身体衰弱和跗骨筋发生病变的情况下，如遇外力则易产生脱臼。脱臼后下颌骨明显向前突出，功能丧失，是临床诊断上的一大特点。新脱者整复尚易，若因手法失当，或治疗延误而形成习惯性下颌关节脱臼者，治疗较难，故早期的认真治疗十分重要，青年医师在临床上应当十分审慎。

1. 病　因

（1）元气不足。身体素弱和年老体衰者筋肉单薄无力，是下颌关节脱臼的主要原因。由于筋肉松弛故不能维持对关节的支持和固定作用，所谓"气血不亏体质健，内丹不足身体垮"也就是这个道理。

（2）外力的撞击。当说话、打哈欠、大笑等口张过大时，一遇有从侧方或下方传来的打击和碰撞，便可致发本病。这种脱臼多系单侧，并可伴有软组织损伤和局部肿胀。

（3）陈旧性损伤。由于外界暴力而致第一次脱臼后，骱骨筋和关节周围软组织损伤，或伤后瘀血未尽消散，局部筋络凝滞，气血运行不畅，久之因荣养筋络发生障碍之故，使该处之筋带失去其正常的紧张和支持能力而呈弛缓状态。此时如张口过大，稍有不慎，即会脱臼，此即习惯性的下颌关节脱臼。

（4）感受风寒湿气。一般多见于海员、矿工等与风寒湿气接触较多的人。这主要是因为这些人经常处于海风和潮湿的环境中，故风寒湿气通过皮毛经络最后侵入关节，使关节滞涩，筋肉强硬，而失去其弹性作用。当两侧关节之松弛度不平衡时，在外力的作用下，则易于脱位，并且有形成习惯性脱臼之后患。

2. 发生机制

当张口很大时，下颌关节的髁状突和关节间软骨盘向前移至上关节结节下方，肌肉突然收缩或颌部受击，则可使髁状突被迫移至关节结节前方，而形成脱臼。

3. 症　状

（1）新伤。一般的症状是牙关不能咬合、口唇不能完全闭拢，语音不清，涎流，饮食困难等。如为单侧脱臼则颊部向健侧偏斜，脱臼之关节窝凹陷，窝前突出。如为双侧脱臼，则下颌明显向前下方突出，两侧关节窝均凹陷，窝前突出。新伤脱臼后疼痛较剧，患者大多数双手捧腮，惧怕碰撞及活动。

（2）习惯性脱臼。此类患者因为形成了习惯，稍不留意，有时甚至一天内可脱臼数次之多。但在整复时也比较顺利，还有些患者还可自行将脱臼还纳。此类患者脱臼时的现象与新伤同，而疼痛现象却较新伤为轻，平时关节周围有麻木和酸痛，张口不便，咀嚼无力，或有引头作痛等症象。检查时大多数患者可扪及患部肌肉不若健侧柔软，且其同侧耳后下方可发现硬结和索状硬条，有些病侧还可发现关节动时有弹响。

4. 治 疗

（1）新伤。患者取坐位，仰面，头后顶部靠于墙壁（有助手固定头部更好）。在未整复前，术者先在患者颌关节周围按摩，使肌肉松弛，然后进行整复。整复时，术者两手拇指用纱布缠好，拇指尖部放于患者口内两侧智齿上，其余诸指握托下颌骨下角外缘。然后拇指用力下压下颌，使筋肉伸长到髁状突能够绕过上关节结节时为度，此时其余诸指两侧平均用力向后上方升提，如复位成功则可闻及声响。一旦复位，术者之拇指迅速滑移至下颌骨两侧之外方，以防咬伤，然后再行抽出。如为一侧脱白，则一手拇指置于口腔内整复，另手扶于健侧以做固定。整复完毕后仍需在关节周围行按摩和理顺手法，并令患者之口缓缓张闭数次，以活动关节顺复筋位，必要时口服活络丸，勿需固定，嘱其2~3日内进软食即可。

（2）习惯性下颌关节脱白。脱白复位后采用点穴按摩法，目的是使气血流畅，使肌肉韧带的活力和弹性重新恢复正常。

主穴：翳风。配穴：听宫、下关、颊车、风池。

按摩方法：患者取坐位，术者站（或坐）于患者对面。施术时令患者将牙关咬紧，术者以食指或中指或食中二指自上而下点按翳风及风池耳穴，然后用拇指点按听宫、下关、颊车。按摩轻重以患者感到疼痛但却能忍受为度，按摩时每次每穴可于点位擦摸50~100下。如为一侧脱白，对侧亦需按摩，但可少些、轻些（风池穴两侧手法相等）；若一侧有硬结者手法可多些、重些。按摩完毕可弹颈侧筋4~5下（两侧相同），最后沿各穴向下推理4~5遍，以顺筋脉气血。

按摩时间：以每日或间日为佳，间隔过长会影响治疗效果。

（3）自我锻炼：除规定就诊时间外，还须教患者自行按摩。患者自己按摩时以翳风为主，其他穴位可不必按。方法是两手食指或食中二指放于翳风穴上，深压按摩，以痛为度，频频行之，每日3~5次，每次50~100下，痊愈为止。在自行按摩中，若因手法过重，次数过频，而致局部疼痛时，可酌情减少次数，或短期停施。

有风寒湿兼症者，可内服活络丸，一日两次，每次1~2丸，或服活血酒、除湿酒，每次3~5钱，一日两次。

（十二）髋关节扭伤

蔡××，女性，14岁，职业：舞踏学校学生，初诊日期：1959年3月。

主诉：左髋部扭伤疼痛2天。

现症：两天的练习舞蹈时不小心将自己的左髋部扭伤，横劈岔动作时突然出现疼痛，以后屈、抬腿时均出现疼痛，影响练舞，活动有受限。

查体：左大腿腹股沟处有筋结如黄豆大，压痛，无肿胀，髋关节后伸运动时出现疼痛。

诊断：左髋关节扭筋。

治疗：用分筋、理筋、弹筋、后压腿等手法，并练习大升降20次。

同年3月30日复诊，患者称治疗后疼痛已大减，练习舞蹈时仅偶有微痛，但对舞蹈的练习影响不大。检查患处筋结已基本消失，但稍有压疼。再以同样手法处理后接近痊愈，回校继续参加练习未再来复诊。

按语：

1. 病　因

在各项体育、舞蹈、杂技和京剧武生等人员训练表演或练功时，往往因事前准备活动不够，或加大髋部的活动量做过度的踢腿、摆动、转身、劈叉、飞腿或压腿动作时，使髋部诸筋受到突然的过度牵拉，或超出髋部正常活动范围以外的动作而致损伤。

2. 症　状

髋部损伤可以分为三类：第一类损伤严重者，疼痛剧烈，卧床不能翻身；第二类损伤后可轻微活动，平常走路时患腿不能支持，出现跛行，活动则痛；第三类损伤后平时无明显疼痛，亦无跛行，但每次进行动作训练时会影响动作的协调和灵活，或练习中出现疼痛致使不能继续训练。

3. 检　查

患者坐于凳上，术者坐在低于患者凳子的矮凳上，将患腿伸展置于术者大腿上。此时术者根据望、闻、问、切初步了解的情况，并根据髋部的损伤特点加以判断。受伤部位，一般以髋前内侧损伤居多，后侧次之，外侧少见。

4. 治　疗

（1）手法治疗。

① 髋前内侧扭筋的治疗手法。患者取坐位或仰卧位。术者的拇、食二指深点患者胯前内侧筋，检查有无不正常的表现，然后再将其筋轻弹；再检查是否存在臃肿、筋翻、筋移位、筋硬、筋绞、筋结等现象。为了更明确诊断，可与健侧对照。如遇筋绞以分理法治之；筋结、筋硬则以分筋法治之；筋移位施以分理、弹、拨、升降法即可归位。

② 髋后和髋外侧扭筋的治疗手法。患者取俯卧位或坐位。术者以拇指深点患者的髋眼穴，向下擦摩滑动，缓缓移行按摩，指下可发现"疙瘩"和压痛点。当发现压痛点窜至股外侧时，一般可从其局部痛点作分筋、理筋、按摩、弹筋后，再沿股外侧（风市穴部）下行加点犊鼻、滑囊等穴；弹股内侧阴筋和外侧阳筋，弹筋、分筋、理筋后可作踝膝镇定、摇滚、被动弹腿以结束手法。

（2）药物治疗。

外敷药：活血散用于瘀血胀痛者。

内服药：活络丸每日早晚饭后各服1粒，白开水送下。

（3）体功治疗。

配合治疗髋部损伤的体功可采用荡腿、压腿、跟膝镇定、起落升降势、五心合一势。

二、杜自明对其他骨折及损伤的认识

（一）肱骨骨折

1. 病　因

导致肱骨骨折的原因可分为直接暴力和间接暴力两种。其中以间接暴力为多，如跌倒时肩部或肘着地而引起肱骨颈或肱骨髁上骨折；做手榴弹投掷等练习时，由于姿势不正，则可引起肱骨干螺旋形骨折。直接暴力如暴力打击、碾压所致者，亦可发生，但临床上较为少见。

2. 症　状

肱骨为一长形骨骼，根据折伤部位的不同，可分为肱骨颈骨折、骨干骨折、髁上骨折三类型。肱骨骨折如为完全骨折，则通常在临床上肿胀表现较为迅速而明显，局部有疼痛，臂不能上举，或不敢活动。患者来诊时，往往用健臂托住患肢以减少疼痛。另外除肱骨颈骨折畸形不很明显外，一般肱骨干或肱骨髁上骨折大都有比较明显的畸形出现，如肱骨髁上骨折后，肱骨与前臂往往一齐向后移位，使肘后上方形成一凹陷，骨折处也均有明显压痛。完全折断处，还可发现有明显骨擦音。但肱骨颈骨折，骨折两折断端大多数都互相嵌入，故不能摸及骨擦音。

3. 治　疗

术者一手握住患者的患肢腕部沿纵轴方向做缓缓牵引，同时在牵引时可配合轻微地转动。另一手放于骨折部，根据其错位的情况，用两指作卡挤手法以助复位。如有小骨片分离者，则须作按、镇的手法，以使碎骨片再附于主骨上。手法后，需检查，务必做到上肢于伸直时三窝（上肢三窝为锁骨下窝、肘前窝、掌心窝）在一直线上，不歪不斜方可，然后外敷接骨散；夹板的安置，可视骨折在整复前错位的方向和部位而定，如在整复前断端为左右错位，则夹板放在内外；如整复前断端为前后错位，则除上内外或内前及外后方各放置一夹板外，同在前或后骨突出部用小压板压下，以防止断端再行突出，固定后肢体取自然下垂位，勿作悬吊。每4天诊治1次，开始2~4次中，其外方或外后方之夹板固定须超过肘关节，以后则可根据情况，固定范围缩小，使肘关节自由活动，并逐渐进行肘关节的轻微屈伸及外磨手法，以防止发生强直。

肱骨头骨折在有嵌入情况时，勿需放置夹板，开始几次予以局部按摩，并缓行上举通臂数次，外敷活血散，腋窝外下方置一棉垫，包扎固定，内服活络丸即可。以后逐渐加大肩关节的活动度（手法与肩部软组织损伤相同，但需轻柔），以免发生肩关节各方向活动的障碍。

肱骨髁上骨折，儿童较为多见，严重的可有明显的错位，较轻的仅有折断而无错位（折而未离）或仅是不完全骨折，其手法及固定包扎基本上和肱骨干骨折之方法相同。但需注意，当骨折折断有柔嫩骨痂生长时，即应在骨折断端"卡挤"固定的情况下，进行关节的活动；用药开始即可用活血散或活接散，以免发生关节的强直。有错位的肱骨髁上骨折，如治疗不当，则常引起肘关节功能障碍，影响患者的劳动功能，故治疗时应当格外注意。

（二）尺桡骨骨折

1. 病　因

除少数因被直接暴力打击、碾压（如在工厂里工作时不小心，前臂被动力带卷入机器等）而引起的骨折伤外，大多数是由于间接外力而引起的，例如于行走或跑跳时跌倒，或由高处跌下而用手撑地等均可致伤，但因倒下力量之大小，前臂与地面接触时所成角度的差异，而发生的前臂骨折类型也就有所不同，其中最多见的是尺桡骨下骨折。

2. 症　状

人体的前臂主由尺、桡二骨所支持，发生折伤后，因骨折部位及范围不同，在临床上可分成许多类型，如单纯的尺骨干骨折，单纯的桡骨干骨折，尺桡骨干双骨折，桡骨小头骨折，尺骨鹰嘴、喙突骨折，以及尺桡骨远端骨折等，它们虽然在治疗原则上大致相同，但由于骨折的类型不同，治疗方法上也有所不同。前臂骨（尺桡骨）折时，患肢局部肿胀、瘀血，有刀刺样剧痛和明显压痛，如有错位，前臂还可发生各种畸形，关节往往不能或不敢作屈伸与旋转动作，有时尚能触及骨摩擦音。由于骨折的部位不同，其表现的症状也就各异。

（1）尺桡骨下骨折：在外形上表现有明显畸形。从侧面去看其外形犹如餐叉形状，检查时可摸到骨折近侧端向掌侧突出，这是由于骨折远端和手掌一齐向背侧及桡侧移位之故。尺桡骨下端骨折，一般因畸形典型故极易诊断。

（2）尺骨鹰嘴骨折：局部肿胀、疼痛明显，前臂做伸展动作时力量软弱或伸展完全受到限制，更由于其位置浅表常可见到皮下瘀血，触诊时压痛明显或可摸到分离的骨片。

（3）尺桡骨骨干单独骨折或桡骨小头骨折：其特点主要为局部肿胀及压痛，前臂做旋转动作时疼痛或功能障碍，有时可触及骨擦音及出现畸形。

（4）尺骨喙突骨折：很少单独发生，常在肘关节后脱臼时合并发生。

3. 治　疗

患者取坐位，术者坐于对面。按摩查定伤情后，术者一手握患者骨折近端，一手握患者之手或腕部进行牵引，同时做微微的转动以使交错重叠之骨折被牵开，另一手则在骨折处做"卡、挤"手法，以使断端正确复位，将碎骨片挤进主骨。手法矫正后，令患臂掌心向上，若已"对准三窝"时，在局部贴敷接骨散，然后用夹板前后侧固定，夹板固定在前臂一般是先用直径3~4cm之马粪纸2~3层，外包少许棉花制成的小压板，压于原来畸形突出处，再用夹板固定，这样在畸形已完全矫正的情形下，即可防止再度发生畸形。如为中段骨折，有时根据情况需在尺桡骨间夹一个细长圆形的枕背木质垫，圆筷亦可，以维持尺桡骨的正常距离，再在前臂屈伸两侧各用两块或三块薄木片作固定，固定夹板上至肘下（不包括肘关节），但伸侧的夹板固定至掌指关节附近以限制腕关节做背屈动作，而屈侧的夹板，只固定在腕关节附近（不包括腕关节）即可。这样腕关节尚能进行掌屈活动，对恢复正常的骨位是有好处的。在用绷带作固定时，应先在一端缠紧，然后将绷带斜跨至另一端再缠紧，继做螺旋形包扎，在骨折部适当收紧，如此便可牢靠固定。包扎结束后，患者自然下垂患肢，勿作悬吊。这样的处置早期因肿胀而会产生不适感或微痛，但对整个治疗来讲还是有利的。然后根据骨折愈合的程度，每次复诊时除对骨折加以手法处理外，尚需按摩伤部上下之软组织，以便瘀血及早吸收并保持正常弹性，同时还需适当活动上下关节以防止关节强直。另外是否更换或去除夹板应根据骨痂愈合的坚牢程度而决定。

对桡骨小头之裂缝骨折勿需固定，用药也不用接骨散，只用活血散敷贴即可（因接骨散易引起关节之僵硬）。

（三）舟骨骨折

1. 病　因

由于舟骨位于桡侧，承重较多，且骨之本身形状类似扁平，故在临床上常可见到舟骨骨折，其他腕骨的骨折极少发生。舟骨骨折多由于间接暴力所引起，如当跌倒时手掌先着地，舟骨被挤压于桡骨下与头状骨之间而致骨折。

2. 症　状

局部发生疼痛和不同程度的肿胀，腕关节活动明显受到限制，叩击第二掌骨远端时，局部有叩击痛，在腕关节桡侧面的三角形下凹区因肿胀不明显或完全消失，并且在此区有明显的压痛。

由于本病在临床上常被误认为是腕关节扭伤，屡因长期治疗无效时才发现本病，因此当怀疑为舟骨骨折时最好立即利用 X 摄片来帮助诊断，以便早期诊治。但也有时会出现早期 X 摄片看不到明显骨折（一般在两星期后才明显出现）的情况，所以临床体征的特点就更应重视，绝不能因 X 片上未发现骨折而草率地否定了骨折的存在。

3. 治　疗

一般舟骨骨折，少有发生骨折断端移位的情况，故可仅在骨折部做"卡、挤"手法，亦可在"卡、挤"手法时配合轻而缓慢地外磨腕关节，以使两骨折端更好地对合在一起，同时还可由上向下地按摩上肢，以理筋、顺气、流通气血，局部外敷活接散，然后放置用马粪纸做成之小压板，再用长夹板自肘下固定到指关节以限制腕关节的背屈活动。固定后前臂自然下垂，因骨折发生于腕关节部，故早期适当活动以防止关节囊和周围韧带的粘连尤为重要，在 10 天左右就可除去固定物，并于每次治疗时逐渐加大腕关节的被动活动，尤其注意帮助其腕部的背屈功能直到痊愈，如长期出现局部肿胀或隐痛时，可定期拍片检查愈合情况。

(四)指骨骨折

1. 病　因

绝大部分由于直接暴力所致,如重物打击、碾压等,有时亦可因间接外力如球类运动员接球时手指不慎与球作垂直之撞击,肌肉突然收缩所引起小骨片之撕脱。

2. 症　状

指骨除了和其他部位的骨伤一样,可以发生横断、斜形或粉碎性骨折外,还常发生像粟粒大之小骨片的撕脱,引起指间关节的长期肿胀、疼痛和功能障碍。骨折部明显疼痛、肿胀(肿胀还可漫及整个手指)及压痛,患指关节屈伸障碍,有时有骨擦音,叩击指端或磨动关节时骨折部有疼痛感。但在手指肿胀较剧烈或骨折片较小时,往往需要借助X线拍片检查才能得到正确诊断。

3. 治　疗

术者一手捏住患者的患指远端做轻缓的牵引,另一手用拇、食二指做"卡、挤"动作,使移位之骨片复位对合。然后用接骨散外敷绕指一圈,再用窄形马粪纸条在骨折部两侧(不超过关节)固定,或以窄长木片在掌侧固定(通过上下关节),此两种固定需视骨折部位及骨折情况而选定。至于仅有小骨片撕裂者则不需做牵引手法,仅做"卡、挤"与轻度摇滚所属关节的手法即可。手法后外敷活血散,勿需固定,以免引起关节强直的后遗症。

(五)腕关节扭伤

1. 病　因

此病发生于钢琴练习者及家庭妇女者居多,原因是这类人由于腕关节长期过劳活动,加之遭受寒湿侵袭所引起,即中医所谓的寒凝气聚。但有些患者是因外力打击而引起的。

2. 症　状

该病初起缓慢，逐渐加重，主要症状为腕部疼痛，疼痛部位多位于阳谷、阳池或阳溪穴，少数可位于大陵穴部，压痛点多与疼痛部位相一致。腕关节背屈或向尺侧倾斜受限，有时拇外展亦有妨碍，外伤引起者疼痛明显。

3. 治　疗

（1）**手法治疗**：患者坐于术者对面，术者先于患者的扭伤局部点按阿是穴，再自肘向下理筋，直至掌指关节，理筋中若遇到筋结则予以分筋，然后再腕关节重用内磨（或外磨）手法，最后提弹海底筋及肘筋，并行腕背屈曲镇定。如兼有拇指部屈伸受限或欠灵活者，可于局部增加内磨、外磨手法，四周理筋及屈曲镇定，或点鱼际穴，或弹鱼际筋。

（2）**药物治疗**：外擦活血酒、外敷活血散、内服活络丸。

（3）**体功锻炼**：可根据疼痛部位的不同，选择青龙摆尾、翘掌等体功练习。

病例

沈××，女性，19岁，学生，初诊日期：1958年5月30日。

主诉：左腕挫伤3天。

现症：3天前练习舞蹈时，从1米高处跌下，左手着地而致左腕挫伤，当晚疼痛肿胀，局部青紫，经某医生按摩一次，并敷黑色膏药，今日疼痛减轻，但活动时仍疼痛、无力，遂来诊。

查体：左腕部轻度肿胀，活动关节时疼痛，以向桡侧运动为著，压痛与之符合。

诊断：左腕关节扭伤。

治疗：手法理筋内磨并行小升降，外敷活血散。

6月2日第2次复诊：肿胀均减，压痛仍存，处理同前。

6月5日第3次复诊：肿胀及瘀血消失，背屈支撑尚觉无力，用力屈腕还疼，处理同前。

6月9日第5次复诊：压痛锐减，近愈停诊。

（六）指关节与掌指关节扭伤

1. 病　因

该病多由于外力使掌指关节或指间关节过度屈伸而造成。如球类运动员被球触伤，或倒地后手指着地致成本伤。

2. 症　状

该病主要症状是疼痛，关节屈伸活动受到限制，局部肿胀及压痛。检查时应注意排除骨折的损伤。

3. 治　疗

（1）手法治疗：如肿胀严重疼痛剧烈的患者，手法宜轻，多采用理筋、内膜及屈曲镇定法。如疼痛肿胀均不严重者，可加用局部分筋法。但无论分筋或理筋，均需在关节四周进行，不可忽略任何一侧。

（2）药物治疗：肿胀者可外敷活血散，一般外擦活血酒亦可。如为陈旧性损伤，还可加服活络丸。

病例

蒲××，女性，18岁，工人，初诊日期：1959年12月12日。

主诉：右拇指触伤3日。

现症：3日前打篮球时扭伤右拇指，右拇指疼痛、夜晚肿胀，前臂麻木疼痛，自买膏药以及按揉痛处，病情有一定的减轻。现阶段右拇指仍然疼痛，不能拿筷子等物品，遂来本院就医。

查体：患者右拇指中度肿胀，外展及伸展严重受到限制，掌侧压痛。

诊断：右拇指掌指关节挫伤。

治疗：手法重内磨患指关节，并弹拇筋（即鱼际筋），当即外展活动度近于健侧，伸展恢复，压痛减轻。热敷活血散并包扎，嘱咐活动练习。

12月14日第2次复诊：活动正常，压痛尚存在。手法治疗，敷药同前，并约随诊。

12月16日第3次复诊：压痛消失，仅有少许不适感，活动完全恢复，完全康复，不再就诊。

（七）趾骨骨折

1. 病　　因

趾骨骨折以拇趾骨折较为常见，往往是因重物砸伤而引起。

2. 症　　状

跛行步态，局部肿胀，明显压痛，趾关节活动受限，有时可有骨擦音。

3. 治　　疗

趾骨骨折的治疗比较简单，左右重叠时，可捏住脚趾远端作牵引，同时在骨断处做"卡挤"即可复位，外敷接骨散或活血散，跖侧可用小夹板固定包括跖趾关节及趾关节，但 6～15 天后便应除去。每次治疗时，须行"卡挤"及固定骨折处后，再做轻微的关节外磨手法，以促进瘀血吸收和恢复正常的关节活动。

（八）肋骨骨折

1. 病　　因

肋骨骨折可由直接外力或间接外力所引起，直接外力多由于棍棒或重物打击而致，骨折发生于暴力打击处；而间接外力则由于胸廓被强力挤压所致，如被压于倒塌之墙体下，跌倒后胸廓被车轮碾过等，在这种间接外力的作用下，多在距压力较远的肋骨屈曲处发生骨折。肋骨骨折以第 4～8 对肋骨为多见。

2. 症　　状

无并发症的肋骨骨折，则患部剧烈疼痛，不敢挺胸，行走时亦缓慢谨慎。且不敢大声说话和咳嗽，呼吸亦变浅表，甚至感染呼吸困难。如稍一深呼或轻轻咳嗽则感患部疼痛加剧。局部可有明显压痛、肿胀和青紫，在胸背或胸廓两侧挤压时，骨折部亦可发生剧烈疼痛。有时出现骨擦音及凸出或凹陷的畸形，在畸形重叠时还可在皮下摸到骨折端。如果症状体征不典型时可借助于 X 射线检查，以明确诊断。

胸廓内有心、肺等重要内脏，故发生肋骨骨折时，可以是单纯的肋骨骨折，但有时也可同时发生比肋骨骨折更为严重的内脏损伤，因此在治疗时，不得不加以慎重，以免发生重大事故。

3. 治　疗

患者取坐位，术者的助手以一手托住患者的患侧腋窝，一手扶住患侧肘关节，嘱患者挺起躯干。术者在严格查体后，如发现肋骨有骨折移位，即用二拇指指腹部紧贴骨折之两端，顺肋骨分布方向，用力向两侧绷撑，与此同时嘱患者于深呼吸后停息鼓劲（即鼓肚子），借胸腔内部压力之突然增加，而使陷下之骨挺出复位，如此操作可重复数次。术者并在患侧的脊椎旁，沿脊椎方向由上向下理顺数次。手法治疗后，外敷接骨散，并加薄窄夹板一块紧压，以布质绷带紧裹。每三日复诊一次。

一般肋骨骨折时，虽然没有同时发生明显的内脏受损并发症，但胸腔内的脏器还是会一定程度上受到震伤，因此必须同时治疗。给予内伤丸（早饭后服一粒）及活络丸（晚饭后服一粒），如此三五天后，若疼痛减轻则停服内伤丸，改为早晚二次口服活络丸。

（九）肩部扭伤

1. 病　因

肩部扭伤多发生于体力劳动者（尤以不经常参加重体力劳动，突然劳动强度很大的人）及运动员。原因是猛烈运动，使肩部肌肉遭受损伤。

2. 症　状

主要症状为肩痛、肩关节运动障碍及肩部肌肉痉挛，且压痛点亦较明显。因其受伤时，体位不同，而压痛点亦各不同，一般以云门穴、肩髃穴和臑腧穴等部位为最多。发病情况一般有下列两种：①急性发作。可因肩部突然扭伤，或运动过度而引起肩部局部锐痛，有些可能有慢性肩痛史，而不明原因成急性发作。急性发作时，疼痛剧烈，有时向臂部放射，影响患者休息及睡眠，局部肌肉多有痉挛现象，甚至发生红肿，患肢之外展外旋运动受到严重限制。②慢性发作。多因长期肩部活动，使肌肉劳损所致。病初起缓慢，偶因用肩关节外展、内旋或内收时才发觉肩部有轻微疼痛，有时还向颈部及手部放射。疼痛夜晚加重，于肩髃穴、臂臑穴部有明显压痛。本病疼痛如不发展严重，通常数日后可以自愈，但却易反复发作。

3. 治 疗

（1）手法治疗。

急性发作：患者取坐位，术者立于患者的患侧。首先按摩患者云门穴30~50下，手法不可过重，然后一手用拇指压于该处，另一手拿住患臂腕部，令患肢前伸后缩地摆动10下（名曰"白蟒吐舌"）。其次改拿患肢定肘关节，由右向左、由左向右各活动用关节10~20下（名曰"磨子手"），再托臂上举，至不能上举为度，镇定1~2 min（名曰"上举通臂"），拇指一直压于云门穴处不动。然后改一手扶定患肢肩关节，另一手将患臂反于腰背，拿定患肢腕关节，缓慢上升，至不能上升为度，镇定1~2 min，合患肢反手于腰背的动作。这一动作，最为疼痛，因此术者在做此手法时，一定要缓缓施术，小心进行。最后弹横梁筋、腋后筋、背筋，手法即告完毕。局部有肿胀者，初期手法应轻柔、简单，一般先于伤肿下方理筋或局部取穴，再配合上述通臂手法，点曲池、合谷穴，弹上述各筋。

慢性发作：慢性者予以外磨（各50~100转）准备手法后，一般以点穴及分理压痛点为主，配合用"白蟒吐舌"及三种通臂手法，弹肩部所属诸筋。

（2）药物治疗。内服活络丸，一般除轻伤外都可内服。外敷活血散，肿痛者宜用之。外擦活血酒，一般患者（尤以慢性疼痛患者）均可给予活血酒外擦，一日4~5次，以辅助手法之不足。

（3）体功锻炼：同肩周炎体功锻炼法。

（十）肩关节脱臼

肩关节因为其生理特点的原因，是一个较常发生脱臼的关节。因为肱骨头球状关节面大，而肩胛骨关节盂的面与之相比既小且扁平，另外肩关节活动范围大，关节囊较松，在前臂和腋窝等处又缺乏强有力的肌肉作支撑，所以脱臼最常在肩关节的前下方脱出。

肩关节脱臼可分为三型：①前方脱臼；②下方脱臼；③后方脱臼。但以前方脱臼最为多见。

1. 病　因

最常见的原因是跌倒时四肢外展，手或肘着地，肱骨头自软弱的关节前下部撕破关节囊而脱出。

2. 症　状

肩关节脱臼时，有明显外伤病史，疼痛，关节活动受限，在肩关节处能触及一个空虚的凹陷，锁骨下和腋窝部可触及脱出的肱骨头。

3. 治　疗

检查患者时，应考虑到通常不仅是单纯的脱臼，还经常伴有关节囊撕裂或周围软组织的损伤，也可能合并关节附近的骨折。在治疗时应考虑到这些情况，并兼顾解剖关系，就可避免增加局部损伤。若有条件拍摄X线照片后，再予整复更好。

手法复位：整复肩关节脱臼的方法是牵、拉、推、升、摇等手法。以左肩为例：首先，令患者坐于靠椅上，术者左手握住患肢肱骨远端用力充分牵引，并使上肢向躯干靠拢；其次，右手插入腋窝，四指掌面紧贴上臂内侧用力向外拉（此时仍向下牵引不放松）；然后，在牵拉充分后，顺势将患肢上臂向肩峰方向一耸，松右手扶按肩上，左手托于肘尖，抬举上臂，此时可感到"骨碌"一声，整复即告完毕；接着将已举起来的手，轻轻握住不放，令患者作前臂旋前旋后活动三四下；最后在肩部外敷活血散，腋窝下放一大棉花卷或报纸卷，绷带包扎固定患肩，勿需吊托前臂与胸前。24～48 h后解除绷带，开始肩关节前后摆动活动，但禁止做肩关节之旋转摇滚动作，一般可在第6～8日后方逐渐练习大转手动作。

药物治疗：内服活络丸，每日2次，每次1～2丸，总量一般为14～28丸。

（十一）跟骨骨折

1. 病　因

多由于从高处跌下时，足跟着地所引起。但一般自高处跌下时，往往会有比跟骨骨折更严重的骨折或关节的重挫伤发生，因此处理这些较重的损伤时容易忽略跟骨骨折，这一点必须注意。

2. 症　状

足跟部疼痛，不能用足跟站立，足底肿胀，足弓凹陷改变，有时血溢于踝部皮下，局部压痛明显，一般也很少有骨擦音。

3. 治　疗

将患者的伤腿放平，术者用手"卡挤"跟骨两侧，内磨其踝关节，然后在足跟两侧敷贴接骨散，并用短夹板固定4~6天，按步骤练习下地行走。

病例

杨××，男性，26岁，机关干部，初诊日期：1957年7月19日。

主诉：两足受伤3日多。

现症：7月15日晚8时许，由楼上失足掉下，触伤内踝关节，遂急诊入某医院，拍片提示左跟骨骨折，右踝关节有严重扭伤。曾行右侧石膏固定，但活动仍痛，故会诊接治。

检查：两踝及足心均见广泛皮下瘀血，肿以右踝部最为明显，局有压痛，未查得骨擦音。

治疗：行"卡挤"手法后，即敷活接散（左踝以接骨散为主，右踝以活血散为主），内服活络丸，左跟骨外侧加硬纸垫包扎固定。嘱加强活动，但不可下地。

7月31日第3次复诊：疼痛消失，肿胀减轻，瘀血尚未完全吸收，压痛亦减，已能下床扶床作提腿踏步练习。治疗手法同前，除去纸垫后改敷活血散，服活络丸。

8月17日第6次复诊：压痛消失，已能扶双拐行走，但丢拐行走时仍不敢大步迈进，压痛消失，踝关节活动已恢复正常，处理同前。

8月30日第9次复诊：已上班工作，停止敷药，改服活血酒，停诊观察。

（十二）肘关节脱位

肘关节是由肱骨、尺骨和桡骨所组成的复合关节，两侧有较牢固的附骨筋包围，使关节保持正常结构。由于肘关节只能进行伸屈运动，侧向运动几乎不能，因此比较稳定。此外桡骨小头和尺骨上端又形成一个旋转关节，使前臂能够内外旋转。由于肘关节在日常生活中活动频繁，因此遭遇外力打击的可能性较大，并且因其只限于伸屈运动，故脱位的情形也较多，在临床上仅次于肩关节脱位。特别是小孩子，由于骨的发育尚不完全，关节周围组织支撑保护比较薄弱，因此经常容易发生脱位。肘关节脱位一般以向后脱位最多，此外尚有前脱位和半脱位（桡骨小头脱位，又称脱环或错缝）等症。通常前脱位发生率最小。

1. 病　因

以后脱位为例，造成后脱位的原因，多是因为跌扑或自高处坠下时，臂伸直或微屈状态，手掌撑地，及冲力作用于肘部关节，使肱骨头滑过尺骨喙突，撕破关节囊而造成脱位。

2. 症　状

肘关节脱位后，该关节屈曲并有显著畸形变化，肘后鹰嘴突向后上突出，伴疼痛及活动受限，脱位后肿胀是最普遍和最明显的症状，严重者可伴有附骨筋的损伤和撕裂。脱出过久未经整复者，常演变成肘关节强直，这是因为受伤的组织在畸形的情况下缓慢愈合，但因瘀血滞积不能尽化以致软组织互相粘连。查体时，可见肱、尺、桡三骨的正常关系被破坏，肘关节被固定于屈曲异常位置，肱骨下端突向肘窝，尺骨鹰嘴明显脱向后上方。

3. 治　疗

治疗手法：患者取坐位，助手把持患肢上臂作固定和反牵引，术者一手持患肢前臂或手腕部并予扶正对准"三尖"（即肩峰、桡骨小头下肱桡肌突起部及桡骨突）"三窝"（即肩锁关节下窝、肘窝及掌心窝）使其三点连成一条直线后，顺纵轴方向用稳力徐徐牵引，与此同时，一手拇指抵压住肱骨，并用力向上推送，另外四指投于尺骨鹰嘴处用力向下拉，两手紧密配合，待牵引至一定程度时，使前臂渐渐屈曲，至闻及"咯吱"声响时，此时患者手指如可触及肩部，则表示已经复位。再作左右内磨数转以合杵，嘱患者自动伸屈肘关节数次，如无障碍则即可恢复正常活动。

周围软组织损伤较重、有明显肿胀和瘀血者，则按软组织损伤的治疗原则处理，配合按摩手法，理筋分筋，视情况予以内服药物活络丸和外敷药物活血散，除绷带包扎外，不作任何固定，患者搁置于自然下垂的位置，并开始活动以佐治。脱位虽经整复，但仍需每日或间日进行检查，并加以适当按摩，治疗及时，一般不会留有后遗症。

肘关节的前脱位，临床上较罕见，致伤原因亦多为跌扑碰撞而致，前脱位还常伴有尺骨鹰嘴骨折的发生。其治疗原则和后脱位一样，主要是脱位整复，然后予以接骨。具体操作为：牵引和"卡挤"肘部脱位骨头，鹰嘴骨折在脱位整复后，即整复骨折部分，按骨折的治疗方法复位和外敷接骨散（关节部宜早换活血散），患肢伸直，于背侧托一薄板付木作支持，外用绷带缠裹固定。

桡骨小头半脱位容易发生于小儿，成年人少见，多由于用力牵提小儿前臂而发生，伤后患肢前臂旋转屈攀均受限。治疗时术者一手握住患者的患肢肘部，拇指按压桡骨小头，另一只手持前臂腕部做牵引，对准"三尖"和"三窝"，在牵引的情况下，屈曲肘关节，再伸直肘关节，当听闻有轻微的"咔吱"滑入响声，则表示已经复位。嘱患者伸屈肘关节数次，以便完全合杵，再于患处按摩片刻。一般不用敷药和固定，即可开始随意运动。

（十三）膝关节错位

膝关节为人体最大的关节之一，承担着运动和负重的双重任务。除有外部的肌肉，如股四头肌保护外，在关节内和关节周围都有极为强大而有力的附骨筋牵扯固定，以维持其正常的位置。膝关节通常只有伸和屈两种活动功能，此外，当在膝关节屈曲附骨筋松弛的情况下，尚可行微侧方运动和旋转动作。

1. 病　因

膝关节错位的基本原因是过度的内翻和外翻，是由于"蹦"伤和"歪"伤所致。"蹦"伤是指向内侧错位，主要是因外翻跌倒，或者是关节外侧受到外力的撞击所致。"歪"伤则是向外侧错位，主要是因内翻跌倒，或者是关节内侧受到外力的撞击所致。

2. 症　状

膝关节错位后主要表现为痛，有轻有重，疼痛表现为撕裂疼、掣疼，活动受限。膝关节可见肿胀，个别可出现瘀血，膝关节在受伤后多呈屈曲状态。"蹦"伤者足尖向外旋，"歪"伤者足尖向内收；"蹦"伤者在膝关节内侧可触及胫骨内侧髁，"歪"伤者在膝关节外侧可触及胫骨外髁。

3. 治　疗

在治疗上，主要予以手法整复，整复时一人即可，勿需助手。患者取坐位，术者亦取坐位，坐于伤者患侧（坐凳稍低），以伤左膝关节向外侧错位为例，术者将患肢合阳部（即腘窝）置于术者右膝上，患肢之踝部搭于术者左膝上。整复时，术者右手大拇指按于错位突出之胫骨外髁，用力向内侧推，其余四指置于股骨内侧髁，用力的方向与大拇指相反。与此同时，左手握紧患肢踝部，借术者左膝内外摆动之力，使受伤的膝关节轻轻做伸屈活动，应用治疗骨折"子骨寻母骨"的法则，即可使关节复位。复位时可闻及"啪"一声，但有时也无声。关节复位后可行滚摇及升降手法，使筋位平顺、气血流畅。向内侧错位者整复时术者坐于患者健侧，手与膝盖等位置关节与上述相反。整复后可内服活络丸，有肿胀者可按膝关节扭伤的疗法治疗，外敷活血散。

（十四）髌骨骨折

1. 病　因

可由直接暴力，如重物打击，或跌倒膝部于地面所致。亦有因跌仆滑倒，而大腿肌肉突然剧烈收缩所致。

2. 症　状

患膝疼痛，不能行走或明显跛行，局部有肿胀及明显压痛，且多能清楚触到骨折之裂隙或出现骨擦音。关节内出血明显时，可发现按压髌骨时有似按压水桶内木块之浮沉感。

3. 治　疗

整复时术者先在患者的患肢髌骨上下之筋膜及韧带处，进行较重的按摩推理。推理时的方向，都需指向髌骨，然后卡住髌骨之边缘作向中心之"卡、挤"，外敷"螃蟹接骨散"（亦可用一般的接骨散）。在髌骨上方及下方，各置一较厚之小纱布以固定之。然后包扎，但不宜过紧，亦勿须使用"抱膝"。一般治疗初期尽量保持直膝活动，四天更换敷药一次。虽不禁止下床行走，然开始两周在行走时不可屈膝以免影响愈合。两周后适当进行屈膝活动，且活动量亦要逐步增加，此时则可去掉小纱布垫，并改敷活血散。临床观察通常一月基本可痊愈，便可停止敷药，但活络丸服用至痊愈为止。

（十五）胫腓骨骨折

1. 病　因

胫骨与腓骨的内前面接居于皮下，故打击、碰撞、碾压等暴力极容易引起单一的胫骨或腓骨骨折，或胫骨合并腓骨的骨折。另外由高处跌下亦为常见的原因之一。而胫腓骨下端近踝关节部分的骨折，则往往是因为奔跑或跳跃时，脚踏于不平之地面或上体之骤然扭转，使踝关节作过度之外旋、外翻或内收而引起。

2. 症　状

患者不能站立，或有明显跛行，局部有疼痛压痛、肿胀（尤其在内外踝骨折时更为明显）。触诊时，可触及骨折断裂后错开之断端，如叩打足跟时，伤部可有叩击痛，有时可扪及骨擦音。在双骨折合并移位时，则小腿可出现成角畸形，又因胫骨内面无肌肉保护，故骨折后，骨折断端易于刺破皮肤，引起皮肤破裂或骨端外露。

3. 治　疗

下腿骨干骨折时，令患者仰卧或坐于床上，助手固定患侧大腿，另一助手握住踝部或跖部和足跟，顺下肢纵轴方向进行牵引，术者双手由上向下触摸胫腓骨骨干，在骨折重叠处找到"档口"的感觉，则在局部加以"按压、卡挤"手法，以使断骨对合复位。必要时也可配合双手按压骨折处，作轻轻滚动小腿的手法，以助断端对缝。手法后在骨折处敷贴接骨散，二侧以夹板固定。夹板固定范围是由小腿上 1/3 直到踝部，包括踝关节。在整复前有骨突出处，可在夹板下与突出相应之位置加一小块两三层马粪纸作成指压板，然后用绷带包扎稳当。另用一"L"形托板，由大腿中段固定到足部，以保持足尖朝天的位置。一般 4~10 天后便可去掉"L"形托板，此时对不全骨折及无移位之骨折，则可令患者在扶持下进行站立，以挤压骨折断端，促进其早日愈合。对原来有移位之骨折，则根据情况于 15~25 天时，在术者用"卡挤"固定骨折处的情形下，由助手扶其站立，以便挤压骨折断端促其早日愈合，以后再逐渐练习于坐位上踏步及扶持下作定位踏步。对皮肤有破损以及小腿部发生水泡者，可先进行消毒，并处理水泡或血泡，然后外敷玉真散膏。如水泡肿胀严重者，可先敷活血散 1~2 次，以加速消肿，然后换敷接骨散。固定时亦应于夹板之两端与皮肤之间，各置一用棉花卷成之"小枕"，使夹板不与皮肤表面紧贴，然后用绷带包扎固定。对关节部位之骨折，除作"卡挤"外，尚需握住患足作缓缓的滚摇和理筋手法。这样不但能促进瘀血之吸收，避免关节囊与韧带之粘连，还能将折断移位之骨片渐渐推挤复位。然后外敷接骨散（活血散亦可），两侧用夹板由小腿中部直到踝下进行固定。对踝关节部位之骨折，因其同时有明显之踝关节扭伤，故亦需应用适合踝关节扭伤之手法加以治疗。治疗后可立即下地活动，静息、少动都不利于尽快康复。

病例1

石××，男性，5岁，初诊日期：1959年10月2日。

主诉：左小腿摔伤7日（其母代述）。

现症：7日前玩耍中不慎摔倒，当即疼痛不能行走，现肿胀，曾请一位老太太按摩，因肿胀未消退来就诊。

查体：小腿中等程度肿胀，中部内侧有明显压痛，并扪及骨擦音。X线拍片示左胫骨中1/3斜形骨折。

诊断：胫骨中1/3骨折。

治疗："卡、挤"手法处理，敷贴接骨散，并予以夹板固定包扎。

第3次复诊：脚肿胀未消，仍有压痛及骨擦感，关节活动良好，处理同前。

第4次复诊：肿胀及压痛均消失，已无骨擦感，踝膝关节活动正常，但惧怕站立，处理同前。

第5次复诊：牵扶已能站立行走，并无痛苦，除去夹板，换敷活血散，嘱其自己练习走路。

至第7次复诊时共计39日，拍片复查报告显示，对位良好，已有骨痂生长，据其母诉患者已能随意行走，但微有跛，痊愈，停诊。

病例2

赵××，男性，8岁，学生，初诊日期：1959年11月3日。

主诉：右小腿摔伤2日（其母代述）。

现症：2日前自两米高的树上摔下，当即剧痛，打滚哭闹，由一位老太太前后按摩两次，疼痛虽减，亦能屈膝，可盘腿而坐，但仍不能行走，故来就诊。

查体：一般情况良好。患儿膝部屈曲不敢伸展，踝关节活动受限，右小腿下1/3内侧微肿，并有明显压痛及骨擦音。X线拍片显示胫骨骨折。

诊断：右胫骨下1/3螺旋形骨折。

治疗：牵引下行"卡、挤"镇定，外敷接骨散，胫前安置纸卡板，再与胫前及内侧各置夹板包扎固定（内侧夹板过踝关节）。

第2次复诊：白天已无疼痛，肿胀未减，压痛仍存，患腿伸屈活动尚佳，遂在术者紧握患部时，试行站立，以严挤骨缝。最后行局部"卡挤"，外敷接骨散，并于内外侧换置短夹板，进行包扎（未固定上下关节）。

第3次复诊：已能自动抬举患腿，但有微痛，局部肿胀已不明显，骨擦音尚存，处理同前。

第5次复诊：可自由抬腿活动，关节屈伸一如常态，扶着已能站立及踏步，触诊骨折部已有新骨生长，但仍有压痛。处理手法为"卡挤"理筋后嘱站立踏步，然后改敷活血散，仅于胫前放置一小靠板包扎。

至第8次复诊时共计38日，疼痛全消，步行来诊，略现跛行步态，近愈停诊。

（十六）胸背部损伤

1. 病　因

胸背部损伤，亦为软伤四因中"韧、摁、闪"三因所引起。本伤多发生于重体力劳动者、运动员等。如建筑工人自高处坠楼下，有时虽未引起骨折伤，但可发生重度胸背部等处内伤，甚至瘀血流入脏腑，处于重危濒死的状态。亦有由低处坠下而仅擦破肌肤的轻度外伤。又如举重运动员虽平日训练有素，但在过重的挺举或训练时精神不够集中，由于运气不足也易造成胸背部之损伤。所以在考虑伤因之际，亦需多面顾及，有外在的不同，也有内在的殊异；伤因相似，致病不同，必须辨证。

2. 症　状

内外两伤本常兼有，为方便起见，分述如下。

（1）外伤：较多见，比内伤为轻。损伤所引起的变化多可由医者检查得到，其受伤部位可为一处或数处；或肌肤擦裂，或局部肿胀瘀血，疼痛（有时亦可有呼吸疼及咳嗽疼），活动受限，压痛亦属必发之症，故诊断较易。

（2）内伤：较少见，除有明显之呼吸、咳嗽及喷嚏时感觉痛之外，常有胸部闷满，气息低微，甚至略唾鲜血，不省人事；伤势缓解后亦常以疼痛、咯血连绵不止为苦。诊断时必先排除骨伤。内伤的诊断多依靠问诊。在检查是否有内伤时，可令患者闭口鼓气，医者用手捏紧患者鼻孔，数秒后患部可出现剧痛；放手后仍诉疼痛剧烈者则可诊为内伤。但如无上述情况，而仅有咳嗽疼、胸闷、疼痛，亦可为内伤。后者往往为内伤中之较为轻的。内伤的症状有暗伤和映伤二种，较为特殊，多于伤时未有明显症状，而过后的一定时候才慢慢出现症状。这两种伤在疼的方面有所不同，暗伤隐疼部位深伏，难以准确定位，而映伤则是受伤部位在前，但是表现在后部，或者是伤在后部而表现在前部，映伤的症状隐隐作痛但是浮于体表而可以指出隐疼的部位，从外表进行视诊无特殊，映伤可有压痛，暗伤没有压痛。无论内伤或外伤，对各种不同性质的疼痛加以鉴别在临床诊断是很有必要的，现将临床上的几种常见疼痛介绍如下：

① 片疼：为损伤后气阻之特征，可有肿胀、疼痛及压疼。

② 线疼：疼痛呈线状分布，亦有按压疼痛，并于手指下可触知筋起硬化、筋积或筋结等情况，此为伤及筋部之特征。

③ 点疼：疼痛限一点，或锐或隐，皆为伤血所致，锐疼浅浮，隐疼深伏，为其特点。

④ 串疼：为气伤之征，走串不定，或现抽疼，或现跳疼，亦常作不定。

3. 治　疗

检查明了伤状后，随症治之。

① 外伤：对一般疼痛症状，以点局部诸穴，理筋，弹背筋、腋前筋、腋后筋等诸法为主，多能使疼痛消减而获愈。如有瘀血肿痛，则于肿胀部向四周理筋，外敷活血散，敷药之热用或凉用则视伤之久暂而定；如有肌肤破伤可于创口部加敷玉真散油膏。内服药可用活络丸早晚饭后各1次，如兼有呼吸疼、咳嗽疼，可改为晨服内伤丸，晚服活络丸。必要时亦可结合荡臂、白马分鬃等体功锻炼。

② 内伤：以药物治疗为主，点穴、弹筋等手法亦可配合施用。药物方面，

新症出血者，可用童便急服内伤丸1粒，继嘱每晨用童便送服内伤丸，晚用白开水服活络丸；待咯血停止后改用白酒三钱送服内伤丸。若又重现咯血时，亦不必惊惧，可再改为用童便送服内伤丸，此为伤后瘀血在上，外越之象；如服药后发现便血者，此为瘀血在下，下溢之象，皆属常态，勿需惊惧，但须密切注意观察，不可疏忽。待呼吸、咳嗽疼等锐减时，即可停服内伤丸改服活络丸，日服2次，至痊愈为止。

暗伤与映伤：治以气血双调，术药并施，随症为治；映伤处理，尤须标（现症处）本（受伤处）兼顾，方能取得良好效果，是谓治病伏其所主之意。

（十七）八卦穴部与灵台穴部损伤

1. 解剖部位

八卦穴居于第4、第5胸椎棘突旁，靠近肩胛骨内侧；灵台穴在第2、第3胸椎棘突旁。

2. 病　因

此两部位损伤之原因，皆以过重抛物之"闪"、举重失手之"砥"、与猛力转身或弯腰所致之"忍"为多见。八卦穴部之损伤，常为扭筋阻气。

3. 症　状

主要症状为疼痛，颈部活动及弯腰活动均因疼痛而有不同程度的限制，甚则呼吸引疼。灵台穴部之损伤，其伤情较重，伤后垂头不得上仰，周身无力，轻者能缓慢行动，重者卧床不起。本病预后：重者三日能治，四日勉强治，五日难治，及至七八日后则当视病体强弱而定，如患者已婚，经常泄失元阳，形体亏极则少有治愈者；如体强元阳不亏者，尚有治愈之机。

4. 治　疗

（1）八卦穴损伤：治以手法为主，佐以药物。手法首先施以理筋、分筋、点按局部穴位及两侧曲池、合谷（点穴、分筋以八卦穴为主）；再弹胶后筋、背筋及项筋（弹筋以弹背筋为主），以舒筋理气、通调气血；最后加施"白蟒吐舌"及四种通臂手法以结束之。病轻者无须服药，重者配服活络丸。

（2）灵台穴损伤：患者取坐位，术者对面站立，术者以两手拇指第一节掌面部自患者前额部眉上起推理至两侧太阳穴，镇定片刻，继续推到两耳廓上方换食、中二指向枕下推理，经玉枕、天柱穴，然后向下推理至头根部两侧镇定。如此重复手法3~5次后，再在灵台穴部行理筋、点灵台等局部穴位，最后提弹背筋、横梁筋以结束手法的治疗。局部如有肿胀者，可外敷活血散；如伴有内伤者（有呼吸痛、胸闷等症），内服活络丸及内伤丸；无内伤者，单服活络丸即可。体功方面，可嘱患者坚持每日数次练习"狮子摇铃"功式（缓缓点头及转头）及"犀牛望月"功式（头颈部作缓缓之旋转动作）。

病例

颜××，男性，30岁，舞蹈学校教师，初诊时间：1959年4月6日。

主诉：背痛两日。

现症：2日前练功时，作"后甩弯腰"动作过劳，当晚半夜突被疼醒，次日增剧，不敢活动，坐立不安，今日疼痛依然不减轻，不能练功，于是来就诊。

查体：背脊右侧肿胀，灵台及八卦穴区有压痛，指下触及硬性筋结。

诊断：右侧八卦穴损伤（凝筋阻气）。

治疗：理筋后，点按灵台、八卦二穴，并行分筋，分筋毕提弹背筋及横梁筋，外敷活血散，内服活络丸。

第2次复诊：疼痛明显减轻，下午即练舞2小时，次日加至4小时。于手法点穴之际加颈部转动配合。

第3次复诊：八卦穴部尚存在轻微疼痛，已不影响每日练功。手法处理同前。

第4次复诊：为伤后第18天，伤愈疼消，完全恢复正常练功。

（十八）寒　腰

1. 病　因

杜老认为寒腰主要是因遭受寒湿邪气，偶又遇轻度外伤；或先遭受轻度外伤后又感受寒湿邪气者所致。好发于军人、林业工人、勘察人员等长期行军露营或居住深山密林者，冬季遇雪，夏季冒雨，风吹日晒，遇身体虚弱时则病。

2. 症 状

疼痛多是进行性加重，最初腰部酸痛、身重，继之引腿作疼，遇天气骤变时则加重，甚者伴下肢麻木，坐卧不安，活动受限，食欲不振。查体局部压痛明显，伴筋结。寒腰病程长短不一，从数月至数十年不等，在长期病程中，大多接受过各种治疗，但效果不佳。

3. 治 疗

治疗上仍以手法为主，药物、体功辅之。

（1）手法治疗：患者取坐位或俯卧位，术者站于其身后或身旁施术。术者以双手拇指在患者脊柱两旁1寸左右，疼痛部位上2～3寸处，作自上而下或自内上斜、向外下斜的方向进行理筋，理至髋眼穴给予镇定，重复手法几次以散壅滞。杜老认为，理筋手法要自上而下，不可自下向上推。筋伤宜顺，反之为逆。倒推则起包，横推则起梗。肿胀和疼痛重点处，可自中心部向外做放射状分理，以宣通气血、消肿散瘀。手法由近段操作为顺，倒向横向操作为逆。顺经顺络既可使手法操作按一定规律进行，且有条理化，有利于手法质量的提高及增强疗效；又能促进气血经气按一定方向循行。在理筋过程中，常可触及痛性索状筋结，可局部施行分筋法。操作时，可一边行分筋一边行理筋手法，分而理之，理而分之，相辅相成，使停滞之气血宣散通畅。分筋之后可行腰部外磨法以活动其关节，外磨过程中手指往往可触及筋结、筋移位等硬性结节，在结节上往来滑动，可促使不正常的筋变恢复正常，缓解痛苦。外磨后可行弹筋法，施术时遇腰筋、背筋等处，若因筋过于僵硬无法提弹，可采用拨络法替代。然后行腿部手法，自膝部向下进行按摩，然后再以同方向沿股外侧线施行理筋与拨络手法，再点瘦麻穴（大腿外侧下端）、滑囊穴（髌骨上部）、合阳穴及承山穴等，按摩2～3次，最后行下肢滚摇法及踝膝镇定法舒筋通络。而终末镇定义是杜老理筋手法的一大亮点。所谓镇定,即一种加强手法,是指手法结束时,并不立刻松劲,而是保持一定的力量,并停留片刻,使力持续作用。镇定可以运用于舒筋或运筋手法结束时,在舒筋手法结束时应用,能起到强刺激的作用,而在运筋手法结束时应用,能起到加强撕裂粘连的作用。通过这些作用,就可达到"以痛定痛"的效果。杜老认为,这样的操作能"打通不通之处",使气血通畅,郁滞消散,疼痛自消。

(2)药物治疗:一般患者夏季需内服活络丸,其余三季则改服活血酒,或晨服活络丸,晚用活血酒。

(3)体功锻炼:对腰痛剧烈的患者,宜先嘱其行踏步动作、下蹲,之后视情况逐渐可加打躬势、踢腿、躬尾式等练习。腰痛较轻者,可嘱其进行躬尾式、大运转、旱地拔葱等操作。

病例

魏××,男,58岁,初诊时间:1958年10月31日。

主诉:腰痛8年多。

现症:患者8年多以前受凉后出现腰部疼痛,当时未予以治疗,之后腰部疼痛逐渐加重,并伴腰部活动受限。4年前患者腰痛更甚,严重影响工作,曾在外院接受针灸、电疗、内服虎骨酒等治疗,疼痛缓解不明显。现患者腰痛剧烈,伴活动受限,坐、立、行走、下蹲均因疼痛而受限。

查体:腰部活动受限明显,直腿抬高实验(+),髋眼穴(髋部)压痛明显,可触及筋结。

诊断:寒腰。

治疗:

(1)手法治疗。患者取俯卧位,术者于其身旁施术。术者以双手拇指在患者脊柱两旁一寸许,从腰眼穴自上而下进行理筋,理至髋部给予镇定。在理筋过程中对髋部痛性筋结施行分筋并理顺,点按腰眼、髋眼穴,弹腰筋(髂腰肌)、背筋(腰大肌),最后行下肢滚摇手法及踝膝镇定法,即术者将患侧下肢放于自己腿上,一手按压患膝,一手握患侧足之趾前部,两手同时用力,迫使足踝背屈而膝关节保持伸直,停留片刻。

（2）药物治疗：口服虎骨酒，配合活血酒外擦患部，每日3~5次。

（3）体功锻炼：嘱其先行踏步动作、下蹲等动作，逐渐可加打躬势、踢腿等练习。

经上述手法、药物、体功治疗八次后，患者于1958年11月26日前来复诊时，自诉腰部活动自如，已正常上班，未诉任何不适，查体：腰部局部无压痛，腰椎活动度正常，直腿抬高试验（－）。

（十九）颅骨骨折

1. 病　因

多为跌仆后，头碰于坚硬的地面硬性钝器上而导致，但亦可因被棍棒或重物直接打击而产生。

2. 症　状

颅骨为一坚硬的球形体，它起着对抗外力和保护脑组织的作用。因此头部一旦发生较严重的外伤，除了骨本身发生损伤外，还可发生脑组织的水肿或者脑出血，使脑组织体积增加，但由于颅骨没有可延展性，因此就会造成因对脑组织的挤压而产生比骨折更为严重的脑部症状，所以在治疗颅骨骨折时，不可单纯地去治疗骨折，而忽略了这些比骨折本身更为严重的症状。

颅骨骨折有单纯的裂缝骨折，亦有较复杂的粉碎性骨折或凹陷性骨折，后者在儿童尤为多见，这是因为小儿的头颅胶质多而灰质少，骨骼比较柔软的原因。重者可致颅骨破碎，脑浆外溢，昏迷不醒，此时已难能救治，但医者亦应尽力为之，或可得救。但一般颅骨骨折伤仅局部有浮肿青紫等现象，有时伴有皮肤破裂出血，用手触摸患处有明显压痛，有时因骨折后皮下出血，亦可触到有波动的血肿，在凹陷骨折，还可摸到颅骨下陷及其下陷的边，但一般骨擦音不易听出。

3. 治　疗

由颅骨骨折而引起的脑损伤的治疗，是一个复杂的问题，此处不多叙述，仅将单纯的颅骨骨折的治疗，简述如下：患者取坐位或卧位，术者立于患者的患侧，用二拇指通过按摩检查伤处，如为裂缝骨折则可在局部压稳力升降镇定，并剪去部分头发，外敷螃蟹接骨散，3～4天换药1次即可。对凹陷骨折，在剪去患部头发后，必须在凹陷处四周作放射状地向外用力理顺绷提，使凹陷之骨片尽可能复位，施手法后，在患部敷以"螃蟹接骨散"（如无"螃蟹接骨散"则采用一般的接骨散也可）。如局部有血肿则不用施手法，单纯敷药即可。如皮肤有破损，则需清洁伤口，在伤口上涂以玉真散软膏，以预防破伤风或感染，然后再敷"螃蟹接骨散"，如无皮肤破损的情况，可在"螃蟹接骨散"中加入白酒少许，以增加药效。之后每2～3日诊治1次，每次治疗时先施以手法，然后敷药。如凹陷处已被升提平复，则于手法后敷接骨散即可，不需再用"螃蟹接骨散"。患者如果自觉精神良好，无头晕、无头痛等情况可顺其自然休息，无需绝对卧床养伤。

"螃蟹接骨散"不但有接骨功能，且具有升提作用，故于颅骨凹陷骨折时用之。此病随用随制，不可搁置，否则效果不佳。其制法是用黑色雄螃蟹1个，于石臼内捣烂加接骨散2茶匙（三钱左右）再不断杵之，使呈黏浆糊状，然后摊于纱布，或皮纸上即可外敷。

（二十）鼻骨骨折

1. 病　因

多因直接暴力所致，如拳打、脚踢或跌倒时面部触地而引起。

2. 症状及治疗

一般骨折的出血，不严重，往往片刻之间就能自动停止，但如出血不止，除常用治法外，还可将大鹅卵石用冷水洗净后置于鼻出血同侧腋下（如双侧鼻部皆出血，则两侧腋下各置一个），出血很快就会停止。治疗骨折施术时，可由助手一人站于患者后面（或由患者自己）用手掌紧堵二耳，嘱患者闭嘴用力鼓气于鼻中，同时术者一手提住其两侧鼻翼以关闭鼻孔不使空气逸出，同时向下牵拉，另一手则在鼻背骨折部作"卡、挤"和理顺手法使其复位。

手法后外敷活接散（活血散与接骨散之混合物，比例酌量而定），再以胶布固定即可。治疗手法需每日施行1次。

（二十一）骨盆骨折

1. 病　因

多因直接暴力所引起，如从高处坠下时，尾骶部着地或跨骑于硬物上，以及由于重物碾压骨盆部等，均可发生骨盆骨折。

2. 症　状

骨折部可有疼痛、压痛、肿胀及皮下瘀血，患者不能行走，不敢翻身和活动，有时可摸及骨擦音。在两侧髂骨翼部，用两手同时向内压迫或向外压迫时，在骨折部也会有疼痛产生。

3. 治　疗

骨盆比较坚固，一般不容易发生骨折，如发生骨折，说明促使骨折的力量是相当强的。同时因为骨盆腔内有膀胱等脏器，故往往不单纯有骨盆骨折，而容易合并有其他脏器的损伤（常见的并发症有小便困难，或小便带血等）。这种情形就比较复杂，而非单纯的正骨问题。这里仅叙述一般单纯骨盆骨折的治疗。

如骨折部分在背侧，应嘱患者俯卧；如骨折部位在腹侧，则应嘱患者仰卧。术者手法：用手按住骨折处，并轻轻推动躯干，使躯干在床上轻度左右晃动，然后再在局部行"卡、挤"及镇定等手法。施手法后外敷接骨散。如仅有少许移位，则可在扶持下令患者站于地上，术者用手按住骨折处，并使臀部作旋转动作，使骨折片逐渐复位挤紧，最后外敷活血散，如有明显移位者，应卧床休息，视患者情况逐渐在床上练习屈伸大腿，以后再在护理人员扶持下练习下地行走。如仅轻微小骨片移位，则可于手法与敷药后，就开始下地行走，并逐渐增加活动量。在整个治疗过程中均需内服活络丸，每日二次，每次1~2粒。

（二十二）股骨干骨折

1. 病　因

一般的股骨干骨折，大多数由于直接外力所致，如由高处坠下等。但也有一部分是由直接暴力所导致的，例如暴力打击或车辆、重物的碰撞和碾压等。

2. 症　状

患者一般均不能站立，而且多因疼痛而呻吟不已，重者甚至可因疼痛而发生晕厥。检查时局部有压痛、肿胀，有时可发现骨擦音。如遇有错位时，大腿可成角畸形，及足的外旋或内收畸形，整个下肢亦可缩短。医生在用手顺股骨上向下推理的过程中，还可在骨折处发现阻挡的感觉。

3. 治　疗

由于股骨骨折时周围强大的肌肉收缩，使骨折后发生明显的重叠，所以在整复时比较困难。但如果不将其加以矫正，必然发生重叠愈合而出现两下肢长短不一的畸形。因此治疗时，必须特别重视牵引的手法。

手法治疗时，患者宜仰卧。第一助手握住患者踝部，缓缓加力顺下肢纵轴作牵引，第二助手则固定患者之骨盆或患肢骨折近端向反方向牵引，以便使骨折重叠处被逐渐拉开。术者侧站于患者患侧，在骨折处作"卡、挤"手法使两断端对合，如仍有挡口，则术者可在助手持牵引下，二手压住骨折处作轻轻滚动（如擀面时推动擀面棍的样子），然后再配合充分之牵引和"卡、挤"，则能使断端平复，然后检查是否对准"三尖"（髂前上棘、髌骨中心及足尖），如已完全对准，则施手法完毕。

施手法后需在骨折处敷贴接骨散一圈（患处两侧亦可），然后进行固定。固定时先用较厚的夹板，固定大腿内外侧，其范围上至大腿根，下达小腿上1/3处，以固定膝关节。并在骨折重叠突出处，于上述两侧夹板下加垫压板以加强其稳定性。再用绷带扎紧，然后用"L"形长托板安置于患肢屈侧，从足底一直到髋关节以上护定，用绷带加以捆缠牢固。固定后，患者须放正，两侧以砖块夹紧，使之保持"足尖朝天"的位置，这样就可完全避免旋转愈合之后患，此时治疗即告结束。之后每四日换药一次，每次时换药时检查伤状,以便及时发现畸形得以矫正。10~20天后,骨痂便具有一定的坚韧性,此时可于手法进行的同时,患者在术者扶持下,缓缓提举患肢,并除去"L"形托板,以后逐渐除去大腿二侧之砖块。约在15~25天时,逐渐轻轻帮助其屈伸膝关节,并于术者用"卡、挤"固定骨折处的姿势下,由助手扶其站立,以挤压骨折端,使其更快地牢固愈合。以后则根据其骨痂情况,逐渐增加患肢的活动。开始活动时,可先嘱患者坐于床沿(或椅上),双脚踩于地面作交替踏步练习,继之扶床或椅练习行走,最后再做踏步或扶拐杖行走。

病例

黄××,男性,2岁,初诊日期:1959年9月15日。

主诉:被自行车压伤5日(家人代诉)。

现症:5天前曾被自行车撞倒压于身上,当时右腿疼痛不能站起,于是送至某医院急诊,拍片提示右股骨中段骨折,予以夹板固定,5天后转来本院。

查体:右大腿部明显肿胀,轻动患腿即感到疼痛,测量双下肢长短,患腿较健侧腿短1 cm,拍片提示股骨中段骨折,无明显错位。

诊断:右股骨中段骨折。

治疗:经过15天治疗后患者局部肿胀消失,除去夹板,局部按摩,外敷活血散,21天后其母述已能跪行,检查伸屈自如,停止敷药,26天后复查,一切正常,停诊。

(二十三)髋关节脱臼

1. 病　因

髋关节脱臼多发生在从高处坠下或快速超越各种复杂障碍(如墙沿、高低栏、沟渠等)时,因跌、扑、碰、压、扭的直接或间接暴力和过度侧展而造成。

2. 症　状

髋关节脱臼分为两类:第一类是股骨头向前方脱出,称为前脱臼;第二类是股骨头向后方脱出称为后脱臼。前脱臼者，患腿较健侧腿长，重症者不能行动，轻者尚可勉强行走，行走时上体微向后仰，脚尖向外，胯部向外翻。后脱臼者，患腿较健腿短，严重者不能行动，轻者可以勉强行走，行走时臀部向后向外侧撅起，上半身前倾，大腿内收，脚尖向里。

3. 治 疗

（1）前脱臼的治疗：患者仰卧于高 52 cm、宽 45 cm、长 170 cm 的长板凳上。一助手站于患者头前，固定其双肩或腋下，此时术者将其患肢缓缓牵直，在其胯部及臀部作轻柔的按摩动作，使胯部和臀部之肌肉放松，术者两手掌置于患者大腿中段前缓缓地来回推动，以进一步使其局部肌肉松弛和关节活动。滚动后轻轻将患肢小腿屈曲托起并向健侧小腿方向移动以能达到患肢架于膝盖骨上为目的，此时术者一手握住患肢踝上，另一手扳拉膝部，使大腿由外屈外翻位转为屈曲内收位，两手须配合协调一致，扳拉膝部之手，可在扳拉时作一升一降（即一松一紧）的动作，握踝部之手亦随着配合以缓慢而有力地使膝屈曲，将足部推送于健侧胯部，此时若闻有响声则表示复位。助手在此时，可扶托患者两肩使成坐位，术者再缓缓将其患肢拉伸，并轻轻作滚摇按摩动作结束。

（2）后脱臼的治疗：患者取俯卧位于长板凳上，一助手站立患者头部，两手固定在患者两腋下。术者以双手按摩其臀部使其肌肉放松，然后再以两手置于患肢股骨后侧作滚摇按摩，滚摇后将其患腿牵直，再将患膝屈曲，此时术者一手按压脱出之股骨头，另一手抓托患肢膝上，将患肢向背侧抬至一定高度，以股骨头为中心作磨式旋转至数十圈，旋转时要根据股骨头突出的方位不同，而施不同的旋转方向。按压与旋转配合，当闻有响声即已复位。

如施以上手法未闻响声，可再用按压法：先将其腿牵直，然后将膝屈至 90°或超过 90°，一手用力按压脱出之股骨头，另一手抓住其髋骨上，用力提其大腿作过度后伸动作，闻有响声即已复位。复位后令其用力屈膝，使脚跟接近同侧臀部，最后以滚摇按摩结束。脱臼整复后，可内服活络丸，连服七天，每天二次，每次 1~2 丸。并卧床休息 2~3 天，并嘱其在床上做轻微的伸屈和旋转活动。三天后下床练习踏步和荡腿动作，通常一周后可正常工作。

三、杜自明医话

1. 学未精专勤可补 治必尽善慎无伤

在成都第一骨科医院的大门两侧有一副对联："学未精专勤可补；治必尽善慎无伤。"道出了杜老悬壶济世的准则，这也是杜老的家训。杜老要求子女及徒弟应多为人诊治病，从大量的临床经验中、从反复实践中逐步提高技术、手法，完善自己。他强调"多能生熟，熟能生巧，巧能生智"。一旦临证，手触于外，巧生于内，心随手转，法从手出。对骨的横断、斜断，断筋的松弛、痉挛，虽在内里，但以手扪之，自知其情，法之所施，使患者不知所苦。杜老的治伤手法与伤科密要虽然秉承家学，但他从未独守门户，墨守成见，反而广纳诸说，不断创新发展。1949年全国解放之时，他已是闻名一方的中医，但他仍坚持熟读博览众家之论，并结合临证细心揣悟，自我要求手法、处方都要日甚一日。杜老勤奋严谨的态度，极大地影响了他的子女及徒弟们，使之养成了良好的工作作风和治学态度。此外，杜老对自己的女儿杜琼书也是严格要求。杜老于1902年开始在成都悬壶应诊，四方求诊者络绎不绝往来于家中，在当时的中医骨伤界、成都武术界都久负盛名。杜琼书幼时耳濡目染，从小就受到了传统中医骨伤医学的熏陶。少年时的杜琼书就读于成都女子师范学校，在上学之余，常常帮杜老佐诊调配药物。1931年成都女子师范学校木质教学楼坍塌，受伤者达到百余人，经过杜老及女儿合力救治，无一人死亡和残疾。成都名人刘豫波特书赠"良化"条匾一幅，以颂扬其高明之医术和高尚的医德。在平时对子女及徒弟们的教诲中，杜老要求绝对避免医源性损害，医源性损害是指由于医务人员言谈及行为上的不慎而造成患者心理或生理上的损害，减少或杜绝医源性损害是杜老良好医德的体现之一。尤其是对于骨折患者，杜老要求正骨手法、动作要协调一致、连贯一气呵成，力求一次手法成功。杜老认为多次反复的粗暴手法只会加重损伤，造成严重的后果。

杜氏从事中医骨伤科工作60年，坚持从临床实际出发，形成了其独到的疗筋伤的手法。他认为跌打损伤，应以手法与药物治疗为主，还应注重合适的武功锻炼，以恢复肢体和关节的功能。无论全身各个关节附近由跌打引起的筋伤还是职业损伤，都能获得满意的疗效。应该着重指出的是，杜自明所讲之"练功"，括医生和患者双方。前者要求医生本人坚持练功，增强体质，加强手法的锻炼，为临床施治奠定良好基础；后者是指患者应积极配合医生，有目的、有规律地进行功能锻炼，以增强御病能力，加快康复，最大可能避免肢体功能障碍的发生。

2. 牢记嘱托　永记党恩

杜自明老先生以医为业，长于骨科，为劳苦群众治伤医残，深受群众的欢迎。但在万恶的旧社会，国民党反动政府根本不顾劳动人民的死活，对杜自明老先生为群众治病行医的这种行为不但不支持，反而加以种种限制和刁难。杜自明在政治上受到歧视，生活上没有保障。在中华人民共和国成立前夕，由于伪币的不断贬值，物价突飞猛涨，因此杜氏一家人不得不为生活而四处奔波。霹雳一声春雷响，毛主席领导全国人民打倒了国民党反动派，推翻了压在中国人民头上的三座大山，杜氏一家也得到了解放。杜自明及其女儿杜琼书都参加了革命工作，成了国家建立的医院的骨科医生。1955年党和毛泽东主席号召继承发扬祖国医学，提倡西医学习中医，在北京成立了中医研究院并开办了第一期西医学中医班，卫生部为此从全国各省市聘请著名中医为教授，向西医传授中医理论和精湛技术，为中医研究院物色骨干研究人员。正是在这种背景下，杜老于1956年奉调到首都北京受聘于新成立的中华人民共和国卫生部中医研究院，担任骨科一级专家，同时还被选举为政协全国委员会委员。为了整理杜老的医疗技术，党和国家还专门派了高级西医作他助手。

敬爱的周恩来总理坚决贯彻执行毛主席的中医政策，十分关怀中医工作，常常在百忙中挤出时间来关怀中医老大夫们，政治上信任和鼓励他们，生活上给予他们无微不至的关怀和照顾。困难时期，周总理还托家人送炖好的鸡肉给杜老营养身体。在当时物资供应比较困难的情况下，周总理、邓颖超大姐自己生活已十分艰苦，还对杜老如此照顾爱护，感人至深。每次杜老收到总理送来的副食品时，心情总是非常激动，心怀感恩，那些东西放在家中久久也舍不得吃，像珍贵的纪念品一样珍惜。

1960年杜老之女杜琼书去北京开会，周总理和邓大姐还特意把杜氏父女接到家中吃饭。周总理和邓大姐的生活非常俭朴，住房也比较陈旧。听总理秘书说道，总理的住房好几次都需要装修了，总理都不同意，总是说能不花国家的钱就尽量不花国家的钱。周总理这种节约俭朴、严于律己的精神，给杜氏父女留下了深刻的印象。在吃饭时，周总理很仔细地询问杜琼书的工作和学习情况，关心杜氏家庭有无困难，鼓励杜琼书好好学习和工作，把杜老的医疗技术继承下去，更好地为人民服务，为社会主义祖国服务。周总理的教诲让杜琼书深深印在心里，从此更加努力地遵照总理的期望去做，尽最大的努力学习和工作，总想多为人民做点事。

周总理对老中医的如此关怀，让杜老心怀感恩之情。由于周恩来总理工作繁重，身体劳累，右臂早年还受过伤，因此杜老成为周总理的保健医生，常于每上午十一时左右到总理住处治疗。杜老先行点按周总理尺泽、曲池等腧穴，然后行理筋、分筋、按摩、拨络等手法，最后行外磨屈伸肘关节。经过杜老的治疗，周总理右臂疼痛明显减轻，活动也有所好转。

因杜老年过古稀，为了尽快抢救他宝贵的临床经验，所以出诊时必有徒弟随从照顾和学习。周总理和邓大姐常询问其徒弟们是否虚心学习，叮嘱徒弟要好好向杜老学习，希望杜老培养更多的徒弟，把宝贵的正骨技术传承下去。杜老作经验交流时的照片，总理要亲自审定和指示作如何修改。在周总理和邓大姐的关怀督促下，杜老的《正骨经验概述》一书于一九六〇年出版，并由中央新闻电影制片厂拍摄了一部反映杜老正骨手法的影片，为继承发扬祖国医学遗产提供了宝贵资料。

1960年，周总理亲自安排杜老至北戴河疗养。杜老接到通知后，一方面感到无限的幸福和温暖，另一方面也自感惭愧，深感为党为人民做的工作太少了。总理在得知杜老有上述思想时，亲自劝说杜老："你为劳动群众服务辛苦劳累一辈子，应该休息休息，看看祖国的大好河山。"1961年，杜老患病住在医院，周总理更是十分关心他的健康，常派人到医院探视，并亲自指示医疗工作，解决医疗和药品的困难。1961年11月15日，八十四岁高龄的杜自明先生因病逝世。周总理深为哀悼，16日下午亲自去友谊医院向杜老遗体告别，并亲视入殓。18日在嘉兴寺举行公祭时，周总理再次亲临，向家属表示慰问。周总理对老专家的关怀，充分体现了他对知识分子尊重爱护的一片深情。

杜琼书先生曾说过，我的父亲作为一个普通医生，一个在旧社会被视为"不齿""不谋"的医生，竟得到党和国家如此无微不至的关怀与照顾，每当我想到这一切，便觉一股暖流温暖着我的全身，使我倍感党和国家的温暖。

1975年杜琼书参加第四届全国人大代表会议时，又见到了周总理，本以为十几年未见面，总理应该忘记自己了，孰料杜琼书的自我介绍还未出口，总理和邓大姐就叫着她的名字："啊，杜琼书大夫。"总理还关怀地问道："你去八宝山看你父亲的墓没有？"杜琼书说："时间太忙还没有去。"总理说："你一定要抽时间去看看。"在周总理的关怀下，大会专门派车送杜琼书去八宝山为杜自明老先生扫墓。由此可见总理与杜老之间深深的情谊。

3. 伤筋动骨 防重于治

杜老于1877年出生于四川省成都市一个贫苦的满族家庭，杜老的父亲精于武术，武艺高超，且精通医术，母亲则是一位贤淑的家庭妇女。按照当时清朝政府政策，凡生男孩可领官银二两，年满18岁则必须入伍当兵。因此，杜老从小便随父亲习武，长年不间断。杜老习练十八般兵器，宗少林派武功，精通拳术、击剑、舞刀，且以猴拳见长，每日坚持"易筋经十二段"的锻炼，外练筋骨，内练精气。杜老在长期的功法练习中，逐渐懂得练武不仅可以增强体质，还可祛病延年。在杜老看来，一名合格的中医正骨大夫，必须练功不辍。练功不仅可以强筋骨、健体力，使手法有劲，且在治疗中，又可应用功法的某项动作作为患者体功的疗法，对于治疗有一定的帮助。所以，他在向徒弟传授技术时总是坚持不懈地手把手地教他们练功。杜老因为长期习武，因此深知伤筋动骨防重于治。杜老曾经亲自到芭蕾舞的练功房观察练舞者训练，他发现很多练舞者练习完后没有擦干汗水，就直接用凉水沐浴。杜老认为剧烈运动后，汗湿未干，此时皮肤肌腠不密，毛孔大开，若用凉水洗浴，寒湿邪气侵入，最易生寒邪湿痹。不仅如此，杜老还去体育训练场所观察运动员的训练和生活，试图找出运动员容易生病的原因。他发现有的运动员在大运动量的训练后，立即坐下休息。杜老认为此种行为不妥，应缓慢活动，待气血均匀行于全身之后，再坐下休息，使体内气息逐渐平静，免受内伤。杜老的这些观点，为我们提供了很好的预防思路。

4. 发扬祖国医学 结合中西医

杜老从小跟着父亲习武从医，并没有系统学习西医解剖学方面知识。但是年幼时，曾经有机会通过实际接触尸体的骨头，观察了解骨骼的形态，对正骨打下了坚实的解剖学基础。他深刻理解西医解剖学知识对于骨科医生的重要性，支持中西医结合，因此鼓励自己的女儿及孙儿学习西医知识，成为中西医相结合的骨科医生。尤其是杜老的女儿杜琼书，解放前从小随父学医，因为是女儿身，被人瞧不起，一直不敢独立行医。全国解放后，杜琼书先后在成都铁路医院、四川省人民医院、成都中医学院骨科工作，连续被选举为第三届、第四届全国人民代表大会代表，多次见到毛主席和周总理。

四、杜氏骨科手法特色技术

1. 右手旋前 左手旋后

对于桡骨远端骨折的患者，杜老有自己独特的固定方法，主要是采用"靠"的方法。用夹板前后两侧固定，夹板固定在前臂，一般是先用直径 3～4 cm 之马粪纸 2～3 层，外包少许棉花制成的小压板，压于原来畸形的骨突处，再用夹板固定，这样在畸形完全矫正的情况下，可防止再度畸形的发生，而在畸形未被彻底矫正的情况下，亦可起到协助矫正畸形的作用。伸直型采用掌屈尺偏位固定，桡背侧夹板超腕关节；屈曲型采用中立位固定，掌侧桡侧超腕关节。对骨折突起处，增加压垫，伸直型在桡背侧增加压垫，屈曲型在桡掌侧加压垫。以患者右利手为例，若患者是右手骨折，则将前臂固定于旋前位；若患者是左手骨折，则将前臂固定于旋后位。杜老这独特的固定方法让许多学生产生好奇："杜老师，您为什么要这么固定呢？"杜老笑着说："你看，假设这个患者是右利手，那么平时他吃饭的时候是不是用右手夹菜、左手端饭，那么他平时右手大多处于旋前位，左手位于旋后位。所以如果他的右手受伤，我们就要将右手固定于旋前位，相反，若是左手受伤，则固定于旋后位，这样对他的日常生活恢复是非常有帮助的！"从日常生活中一些细微的动作，都可以对受伤后的恢复有所启示，可见杜老时时刻刻心系患者！

2. 小儿肱骨髁上（伸直型）骨折特色手法与固定

正骨手法：以杜老"十要"中的"骨折以对口为要"，以及"子骨寻母骨"的原则，主要采用"牵、卡、挤"手法。这类骨折的正骨通常采用"三人复位法"：一助手用布袋绕过患者的腋下，另一助手握患腕沿伤后姿势（屈肘40°）进行牵引，沿纵轴方向做缓缓牵引，同时在牵引时可配合轻微的转动。伸直尺偏者，用两手指按住远骨折端的内侧方，其他2~5指包住外侧方，并用力向外侧推举、卡挤，最好能矫枉过正；使远折端产生向桡侧偏移少许更好，桡偏则向相反的方向推举、卡挤，但不可矫正过度。矫正远折端向后移位，在维持牵引下，术者用两手拇指放于鹰嘴两旁，顶住远折端的后方，其余各指抱住近折端的前方。拇指用力把远折端向前顶，同时其余各指用力向后拉近端，此时助手将伤肢肘关节屈曲到90°或大于90°，使肘关节后凸畸形消失，恢复正常外形。屈曲型骨折复位手法与之相反，首先纠正侧方旋转移位，在助手顺势对抗牵引下，术者先纠正侧方旋转移位（与伸直型相同），纠正前方移位时两手四指环抱近端向前端提，两手拇指推按远端向后，同时令助手将肘关节拉至0~20°即可复位。力求一次手法成功，多次反复的粗暴手法只会加重损伤，造成严重的后果。手法后需检查，务使上肢伸直时"三窝"（上肢三窝为锁骨下窝、肘前窝、掌心窝）在一条直线上，不歪不斜方可。

固定：以杜老"十要"中"固定应多考虑为要""包扎以多起作用为要"，采用"靠"的方法，主要的外固定材料为薄木片，因为它选材方便、经济、韧性好，并且可塑性较强，可根据患儿的实际情况进行裁剪，夹板内侧用棉花做衬垫，前侧夹板远端边缘向前折弯，后侧夹板向前折弯，这样设计可使皮肤免于压伤。固定肘关节及前臂需要四块夹板，外加一块钢托。压垫的裁剪：一般厚度约0.7~1 cm，梯形垫厚约1~1.2 cm。对于伸直尺偏型，内侧垫放在肱骨内上髁，外侧垫放置在骨折近断端；伸直桡偏型者，则恰好相反，后侧放在骨折远端的后侧，于前侧近断端放一垫子，均不超过骨折线，屈肘关节 90°～110°。如果是屈曲型骨折，压垫的放置是近断端前侧不放置压垫，远断端后侧放置一薄型垫，其他压垫放置方法同前。使肘关节保持 40°～60°位固定，2 周后改为 90°～110°固定。于前、后、内、外放置相应夹板后用三根布带扎紧、绷带缠绕，于肘后侧置钢丝托板前端至掌指关节。尺偏型骨折，则前臂旋前位固定；桡偏型骨折，则前臂旋后位固定。包扎时不要随随便便，必须让包扎起到应有的作用。

3. 桡骨远端骨折特色手法与固定

正骨手法：以杜老"十要"中的"骨折以对口为要"，以及"子骨寻母骨"的原则，主要采用"牵、卡、挤"手法。这类骨折的正骨也常采用"三人复位法"：患者取坐位，术者坐于对面，按摩查定伤情后，若为伸直型骨折，则采用旋前位牵引，一助手握骨折近端，另一助手握患者之手进行牵引，拇指处于背伸位以放松桡侧腕屈肌，同时做轻微转动以使交错重叠的骨折被牵开，需要注意的是，牵引力要足够，才能使骨折嵌插牵开。术者两拇指置于骨折远端背侧并向掌侧用力压，余指置于近端掌侧向背侧用力提，两手配合，同时屈腕，纠正背侧移位；纠正桡侧移位时注意牵引时拇指背伸以放松桡侧腕屈肌，同时术者拇指用力压桡侧远端，其余四指用力提近端向桡侧，远端助手尺偏，同时在骨折断端施行"卡、挤"手法纠正残余移位。此手法双手用力点要掌握好，动作要协调一致、连贯一气呵成。若为屈曲型骨折，则纠正掌背侧移位与伸直型相反，纠正侧方移位与伸直型相同。

固定：以杜老"十要"中"固定应多考虑为要""包扎以多起作用为要"，采用"靠"的方法。用夹板前后两侧固定，夹板固定在前臂一般是先用直径 3～4 cm 之马粪纸 2～3 层，外包少许棉花制成的小压板，压于原来畸形的骨突处，再用夹板固定，这样在畸形完全矫正的情况下，可防止再度畸形的发生，而在畸形未被彻底矫正的情况下，亦可起到协助矫正畸形的功效。伸直型采用掌屈尺偏位固定，桡背侧夹板超腕关节；屈曲型采用中立位固定，掌侧桡侧超腕关节。对骨折突起处，增加压垫，伸直型在桡背侧增加压垫，屈曲型在桡掌侧加压垫。在用绷带做固定时，应先在一端缠紧，然后将绷带斜跨至另一端再缠紧,继做螺旋形包扎,在折部适当收紧,如此便可牢靠地加以固定。包扎结束后,悬吊伤肢于胸前。叮嘱患者一定要做握拳伸指运动,利于缓解肿胀及预防后期粘连。随后根据骨折愈合的程度,每次复诊时除对骨折加以手法处理外,尚需按摩伤部上下之软组织,以便瘀血及早吸收并保持正常的弹性,同时还需适当地活动上下关节以防止关节的强直。夹板的更换和去留问题,当根据骨痂愈合坚牢程度而定。

4. 肩关节周围炎特色治疗手法

(1) 白蟒吐信。

具体操作方法:患者取坐位,术者立于患侧。术者一手拇指压于患者的云门穴,另一手拿住患臂腕部,令患肢前伸后缩地摆动10下。

(2) 太极磨子手。

具体操作方法:患者取坐位,术者立于患侧。术者一手拇指压于患者的云门穴,另一手拿定肘关节,旋转滚动肩关节,由右向左及由左向右各活动肩关节10~20下。

(3) 缠丝磨子手。

具体操作方法:方法同太极磨子手,但活动范围较大。

(4) 三通臂法。

具体操作方法:三通臂法包括上举通臂、过胸通臂和屈肘反背反掌通臂这三种通臂方法。患者取坐位,术者立于患侧。术者手托患者手臂上举,至不能上举为度,锁定1~2 min,则为上举通臂。然后术者一手推患者肘关节,另一手握住腕关节,将患侧肩关节向对侧推移,逐步、多次、缓慢地使患肢手掌搭于对侧肩关节,并使肘部紧贴胸部,每次手用力以患者能承受的疼痛为度,锁定1~2 min,此操作为过胸通臂。最后改为一手扶定肩关节,另一手将患臂反于腰背,拿定患肢腕关节,缓缓上升,至不能再上升为度,锁定1~2 min,此操作则为屈肘反背反掌通臂。

按语: 杜氏手法治疗肩周炎,可以疏通肩部经络,加快局部气血的运行,帮助活动关节,使肩关节恢复正常的活动范围。对于肩部肌肉痉挛,松筋使局部放松而畅通气血。对于肩关节僵硬,属经络不通,从西医上理解则是肩关节周围韧带充血水肿，手法当疏通经络。而对于肩关节肌肉粘连及运动障碍者，磨子手法可扩大肩关节活动范围，使局部纤维化组织粘连松开。

5. 肘关节扭伤特色治疗手法

（1）中流砥柱法。

具体操作方法：患者取坐位，术者立于患侧，将患者腕部夹于术者腋下，一手做缓缓牵引，并以该手掌托于肘后，稳力向上托起，使肘部渐渐伸直。另一手扶住患肩向后推压，以起到相对牵引作用，直到患者将不能忍受时，镇定一分钟左右，然后渐渐松劲放回。肘关节的屈曲镇定、肘关节的伸展镇定做完后，理筋掐按即算完毕。或再重复一两遍也可，最后配合弹海底筋及自上往下的掐按手法，患者可觉松快灵活。

适应症：肘关节伸直受限者。

（2）内磨法。

具体操作方法：患者坐于凳上，术者站于患侧，一手握住患者腕部微加牵引，另一手抓住患肘后侧，以上肢长轴为轴心，做肘部正反旋转磨动各30~50次。这种内磨，从外表上看不见肘关节旋转活动，但实际鹰嘴与鹰嘴窝在磨动。或者施术者站于患者后侧，两手分抱于患肘内、外侧，行内磨手法亦可。

（3）外磨法。

具体操作方法：较内磨幅度为大，患者须屈曲患肘，然后术者以一手握患肘后侧固定不动，另一手握其腕部，作大范围的正反划圈动作各50~100次。

（4）肘关节的屈曲镇定。

具体操作方法：患者取坐位，术者站立于患者对侧。术者一手握患者患肘的后侧，一手推其腕部，使其肘部渐渐屈曲，直至患者不能忍受时为度。注意避免操之过急，适度时则停止不动，镇定1 min，然后渐渐将其伸开。

按语：杜氏手法缓解局部肌肉的紧张状态，掐按压痛点，以痛为腧，抓住原发性压痛点，可快速解除肌肉的紧张痉挛，关闭疼痛"闸门"，迅速缓解患者的局部疼痛，达到消除炎症、疏经通络的目的。弹拨海底筋，具有疏通经络、通畅气血、调整阴阳之功效。杜氏手法可调整植物神经系统的功能，改善局部血液循环，使患者血液中内啡肽水平提高，减轻疼痛。

6. 腰部损伤特色治疗手法

（1）踝膝镇定法。

具体操作方法：术者将患者患侧下肢搁置于术者的腿上，一手按压患膝，另一手握患侧足底部，两手同时用力，迫使足踝背屈而膝关节保持伸直，停留片刻结束。

（2）大升降法。

具体操作方法：患者完全下蹲，身体前屈，术者位于其身后。术者双手扶患者腋下助其直立，反复数遍，使患者腰部和髋部被动屈伸运动。

（3）大车轮法。

具体操作：此法为体功一种。患者先做向前屈曲动作，然后向后伸，尽量做反弓动作。

按语：按摩可使患者筋节舒畅，血脉疏通。盖按其经络，以通郁闭之气，摩其壅聚，以散瘀结之肿。杜氏手法可以影响血液循环系统、淋巴系统、关节、肌肉、韧带、肌腱、鞘膜等，促使病变部位毛细血管扩张，血流量增加，细胞组织新陈代谢加快，利于病变组织修复。杜氏分筋理筋、弹筋拨络等一般手法治疗可以改善局部血液循环，促进气血运行，有利于致炎致痛物质的吸收，还可放松肌肉，解除痉挛，达到舒筋通络止痛的作用。镇定手法可解痉止痛、疏通经脉，达到气血通畅，通则不痛，提高机体的痛阈值。滚摇升降手法可以纠正腰椎关节错位，恢复腰椎生理曲度，回纳突出的椎间盘或使之发生位移，解除神经根的嵌压，松解神经根与椎间盘或周围组织的粘连。

7. 膝关节扭伤特色治疗手法

（1）转膝法和弹腿法。

被动转膝：手法基本上可分为两个步骤，即屈和伸。屈法的具体操作方法：术者左手持患者伤肢踝上，右手扶于膝部，左手持踝将足送于髋部（小腿内收外旋），右手扶膝使膝关节呈屈曲状态（大腿外展外旋）。伸法的具体操作方法：术者左手牵引患肢踝部（同时小腿内旋），右手推膝（同时大腿内收内旋）使膝关节伸直，此种动作先缓后快，反复数十次。转膝之先，需先嘱患者放松肌肉，不要紧张，否则不易做好。

被动弹腿：继转膝之后紧接施行。术者左手持患肢踝，右手扶膝，使膝关节一伸一屈，伸时将小腿用力迅速向前上方弹出，操作时宜先轻缓后劲捷，反复数十次。

以上手法实施，旨在活动关节，使气血流畅，筋位平复，疼痛减轻。临床治疗中需灵活采用，或多或少，或轻或重，随伤之轻重、患者体质强弱等具体情况变化加减。

（2）前盘腿、后屈腿、伸腿镇定（以伤左膝关节为例）。

前盘腿：患者取坐位，术者左手持患侧踝上，右手扶于膝部使其膝关节尽量屈曲，使足跟达到对侧腹股沟处，右手再次点按压痛点，镇定 1 min，镇定后将患膝缓缓恢复原位。

后屈腿：患者取俯卧位，术者右手持患侧踝上，屈膝，用力使其足跟与同侧臀部接触，左手扶持膝部，镇定约 1 min，将患肢缓缓恢复原位。

伸腿镇定：以患肢小腿下三分之一处放置于术者大腿上，术者左手掌握于足跖远端，右手按于膝部，两手同时用力，迫使足踝背屈和膝关节完全伸直，镇定 1 分钟左右。

按语：手法治疗可改善膝关节局部循环、松解粘连、增加软骨容积、促进软骨修复。手法通过对穴位关节软骨面和痛点的点揉按压、弹拨、推刮，可疏通气血，改善局部血液循环，促进软骨的新陈代谢和炎性物质吸收；对髌骨的推移、抓提、按压，对膝关节的屈伸、摇晃、镇定等手法可松解髌股关节之间的粘连，恢复伸膝装置的弹性，减轻髌股关节的压力，促进关节液的流通；捶击、摞压、压髌等手法直接可促进髌股关节之间的血液循环与软骨面的炎症消退；揉、推、拿膝关节周围软组织则起到了放松肌肉，缓解疼痛、痉挛的作用。通过手法的治疗可增加膝关节软骨容积并促进软骨修复。

8. 颈椎病的特色治疗手法

（1）"以痛定痛"手法。

具体操作手法：患者取坐位，术者站于患者背后。治疗时嘱患者自动旋转颈部，若向左侧转动时疼痛，则证明其左转道路不通，不通则痛。故术者一手使其头颈向左转，另一手按摩痛处，在其左转的位置上，予以点穴按摩，常取最痛点，施以患者感觉较痛的手法，这是一种"以痛定痛"的手法，以打通经络不通之处，以新痛代旧痛，待按摩完毕，新旧痛就都同时消失。

（2）开天窗、推坎宫。

具体操作手法：患者取坐位，术者站于患者前面。术者用双手大拇指内侧自患者眉心推至发髻线，再由眉心推向眉梢。

按语：杜氏手法通督活血、通经活络，可以改善颈椎血供，缓解肌肉痉挛，松解粘连，促进炎性物质的吸收。通过手法治疗恢复颈椎的稳定性，纠正椎关节、上下关节突关节及椎间小关节错位，相对地扩大横突孔内径，使椎动脉在横突孔内走行更为畅通，减少或解除对椎动脉丛、颈交感神经干和节、窦椎神经的压迫与刺激，缓解血管本身和周围软组织痉挛，重建颈椎力学系统的内外平衡。

9. 髋部软组织损伤的特色治疗手法

（1）髋前内侧扭伤的治疗手法：患者取坐位或仰卧位，术者的拇指、食指二指深点患者的胯前内侧筋，检查有无不正常的表现，将其筋轻弹；然后再检查有无肿胀、筋翻、筋移位、筋硬、筋绞、筋结等现象。如遇筋绞以分理法治之；筋结、筋硬则以分筋法治之。筋移位施以分理、弹、拨、升降法即可归位。

（2）髋后和髋外侧扭伤的治疗手法：患者取俯卧位或坐位，术者以拇指深点患者的髋眼穴，向下摩擦滑动，缓缓移行按摩，指下可发现"疙瘩"和压痛点。当发现压痛点窜至股外侧时，一般可从其局部痛点作分筋、理筋、按摩，弹胯后筋；再沿股外侧（风市穴）下行点犊鼻、滑囊等穴，弹股内侧阴筋和外侧阳筋，弹筋、分筋、理筋后可做踝膝镇定、摇滚、被动弹腿以结束手法。

按语：软组织损伤后，常有筋的"痕、迹、核、块"等病理产物，若治疗不当，可使关节间瘀血、积液等难以消除，积存日久还会导致关节和软组织粘连，使关节屈伸不利。施以理筋、分筋、弹筋、摇滚等手法，可以理正筋骨，解除粘连，疏通狭窄，滑利关节，以利损伤的修复和功能的重建。拇指点按，可增加组织的痛阈，促进局部血液循环，加速炎症的吸收；踝膝镇定可解除肌肉痉挛；摇滚、被动弹腿以促进瘀积的吸收。

学 术 思 想

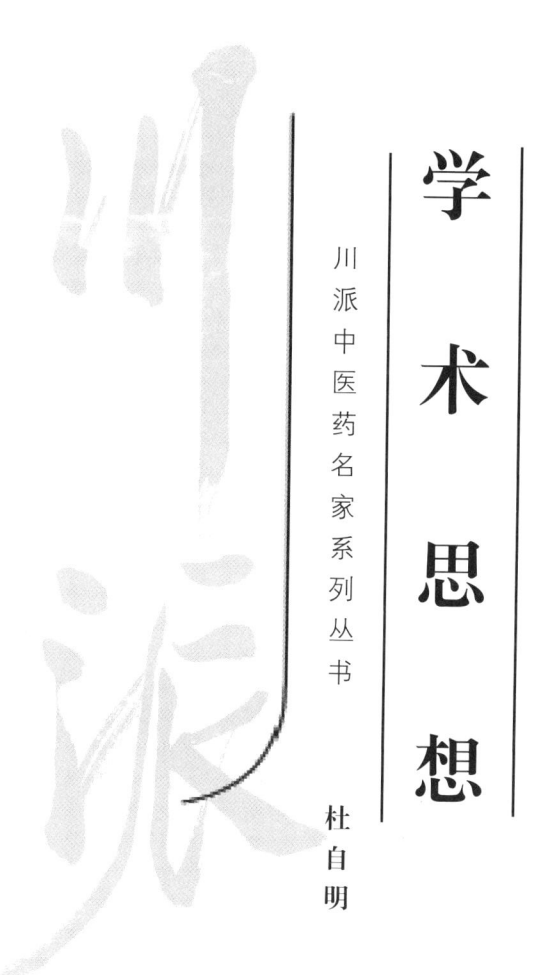

川派中医药名家系列丛书

杜自明

杜氏将骨伤分为硬伤（骨折）和软伤（筋伤、软组织损伤）两种基本类型。硬伤和软伤治疗原则："动静结合""筋骨并重""内外兼治""功药互补"。

1. "动静结合"

"动"即功能锻炼，"静"即制动。杜氏强调治疗骨伤疾病的过程中，除了坚强的外固定，还应进行早期的功能锻炼。关于固定，杜老非常重视其在伤筋疾病治疗中的应用，比如肌腱、韧带、血管、神经等软组织损伤的治疗根据伤情，都要进行适当固定，以利于组织的修复。如踝部损伤，筋出槽骨错缝，手法复位后，就须给予绷带或托板外固定，以利于损伤组织的修复。当然，固定时间要适当，每种损伤的固定时间都要适可而止。临床上应根据每个病症的具体愈合情况确定具体的固定时间。对于"动"的认识，杜老强调功能锻炼应在医生的指导下进行。

2. "筋骨并重"

这是中医骨伤科治疗骨折的核心理念。杜老强调在骨折整复、固定、康复各个治疗阶段中都要筋骨并重，尽可能减少患者的损伤程度，特别是对软组织要充分加以合理维护。这一原则在临床骨折治疗中有着重要的指导意义。

3. "内外兼治"

杜氏骨伤疗法非常重视受损局部与整体、四肢百骸与内在脏腑间的关系。并充分运用中药在治疗骨伤疾病中的辨证施治。杜氏骨伤药物治疗强调内服药和外敷药（具体药物详细见杜氏伤科用药）联合使用，并按伤科三期辨证论治。药物治疗的同时，还需注重调理患者自身的身体，体现"内外兼治"的原则。

4. "功药互补"

杜氏骨伤疗法在治疗骨伤科疾病的过程中，非常注重练功，认为练功是杜氏骨伤药物治疗的有益补充，和药物治疗相辅相成。练功包括医生练功和患者练功两个方面，对疾病的治疗康复起到了重要作用。

一、杜自明对硬伤（骨折）的认识

1. 硬伤（骨折）的伤因分类

（1）卡：肢体卡于二物之间，身体倒下所致的伤处骨折。

（2）砥：重物砥压于骨骼而致肢体骨碎引起的骨伤。

（3）崩：间接外力所致肢体引起的骨损。

（4）碰：直接外力所致肢体引起骨折损伤。

2. 硬伤（骨折）辨证

"屈而不伸病在筋，伸而不屈病在骨"，这是杜氏初步判断筋伤、骨折的标准。硬伤（骨折）辨证主要以四诊为纲。

（1）望诊：整体观察有无威胁生命体征情况，如发现首先必须及时抢救危症，待生命体征平稳后再处理局部的骨折。局部观察患者是否能站立、行走，或是否由他人搀扶、抬送入诊室，肢体局部有无血肿或肢体短缩的特别姿态。如肋骨骨折可见伤部凹陷，且呼吸困难，躯干骨折者往往不敢转动和俯仰。

（2）闻诊：主要扪及骨骼处听有无骨擦音。有时并非真能听到而是摸诊时手指下体会到的一种摩擦感（骨擦感），这是骨折断端相互摩擦所致。

（3）问诊：受伤原因必问清楚，问伤后肢体能否自主活动。发生骨折伤时大多患者有先发生胀麻感觉，经过短时即有出现锐痛犹如刀割。

（4）切诊（摸诊）：杜氏临症十要中"诊查结合按摩为要"便是。经过触摸伤部辨别是筋伤还是骨折。《医宗金鉴·正骨心法要旨》云："摸者，用手细细摸其所伤之处，或骨断、骨碎、骨歪、骨整、骨软、骨硬……并所患之新旧也。先摸其或为跌扑，或为错闪，或为打撞，然后依法治之。"可见切诊（摸诊）在伤科中占有重要地位。骨折断端的形状多由不同损伤的原因，如"卡、砥、绷、碰"而呈现出不同骨折类型，导致气血筋骨损伤。离经之血瘀滞溢脉，筋膜腠理撕裂，骨碎折断为硬伤之特征。

3. 硬伤（骨折）分类

（1）"尖"：摸诊时可在筋肉间触一尖锐之骨端，用力按之则骨干随之移动（类似长骨干斜行骨折），多发生于卡伤。治疗时用"镇"的手法以使骨尖压回原处。

（2）"点"：摸诊时感觉犹似在面团中按到一块小砂石一般（类似长骨干粉碎骨折），多发生于砥伤。触碰骨点以"按"的手法使碎骨块复原。

（3）"签"：即骨签，其伤骨形态如窄而长的条状，犹如牙签（类似蝶形骨块），多因间接外力绷伤所致。治疗时用"顺"的手法使其逐渐复位。

（4）"边"：骨折后顺骨干触摸检查时如遇有"挡口"（骨折面不平）的感觉，即为"边"（类似横断骨折的远、近断端），多因直接外力碰撞而致。治疗需要在牵引下用"卡""挤"手法使其复位。

4. 硬伤（骨折）治疗五法

五法为"牵法""卡法""挤法""靠法""子骨寻母骨法"。

（1）牵法：即牵引，古称"拔伸"。牵法的目的是使重叠、错位、嵌入之骨断端互相分离，以便正确对位。牵引的方法：术者一手握患者骨折的远侧端，另一手握骨折的近侧端进行牵引，如果骨折发生在肌肉肥厚处可由助手协助。牵开后，再按整复需要，改变牵引的方向及角度。牵引时须顺骨干的纵轴进行，如果骨折处有锯齿状交错时，可于牵拉的同时再轻作滚磨以助其效。如股骨骨折，肌肉丰厚，则需要力较大。肱骨干骨折的年老体弱者，一般适度牵引都能复位，不宜用力过猛，造成断端分离。牵引只是骨折手法复位的第一步，以纠正断端重叠以及恢复肢体长度，使断端对位。牵引是骨折治疗最重要的手法之一。

（2）卡法：古称"用力收入骨"。卡法即将劈裂、分离的碎骨片卡严，牢附于主骨之上；或将重叠错位之骨断端，经牵开后用卡法使其平复。操作时一般皆用拇食二指钳住骨折处，逐渐加大力量，以达整复的目的。另外尚需注意在卡的手法结束时必须缓缓松手，如松手太快则已被卡好之骨容易重复弹出。如有重叠、旋转移位的骨折端，有时仍需要在松弛位整复。近关节面的骨折及撕脱骨折的分离移位，运用卡法，在松弛位整复会取得较好临床疗效。骨折断端处的筋膜有类似软组织的"合页"作用,手法时一定要注意保护筋膜"合页",可促进骨折复位并维持断端稳定。

(3)挤法:古称"捺正"。挤法即挤压骨折断端部,使之严密吻合。挤法适用于粉碎性骨折的成形及加强骨折后瘀血的吸收。挤的手法形式因部位而不同,一般可用拇食二指上下左右挤之,或手握患部或对掌合扣抓捏挤之。如为下肢骨折,术者可搀扶患者站立,借患者自身体重触碰骨折端,亦为挤的方法之一,同样也可收效。

(4)靠法:古称"夹缚",即固定。其作用为使已整复之骨折不再因活动而移位。杜氏常用的方法是在骨折处敷接骨散后,用软木片、马粪纸和硬木板等作为固定材料固定患处。临床应用时,应遵循杜氏"临症十要"中的"包扎以起作用为要"和"固定以考虑为要",达到既有牢固的外固定,又不能损害血管、神经,且不留下邻近关节强直等后遗症的目的。所以,绷带包扎时要有技巧,如长骨干骨折并有成角畸形时,可于骨折部两侧各置夹板一块,在畸形突出侧加垫(用二三层马粪纸叠起的小片外包以棉花)。包扎时先在夹板一端缠紧,继续缠另一端,再行环绕包扎数圈,绷带松紧适度。经过这样处理后,复诊时往往畸形就会得到较为理想的矫正。固定的持续时间应视骨折的类型、骨折的部位、患者的体质和年龄而定(一般需 15~25 天)。骨折固定,以尽量不限制或少限制关节的活动为要。杜老强调有效固定,即能限制断端再移位,维持骨折稳定。因此固定不在于夹板、压垫数目的多少,而在于是否使用得当。

(5)子骨寻母骨法:骨折断端移位时已在软组织中形成了损伤通道,复位过程就是沿着损伤通道的逆移位过程。以长骨干骨折为例,骨折断端躯干侧为近端,谓"母骨";另一端为远侧端,谓"子骨"。整复时动子骨寻母骨为顺,反之为逆。顺者昌,易治;逆者亡,难以达到骨折复位之目的。以子骨寻母骨复位法,其意是矫正骨折远端移位,以远端去对接近端。这种循伤道而行的骨折整复理论与技术,获得了很好的临床验证,至今仍指导运用于临床实践。杜氏创立的"子骨寻找母骨法"复位骨折疗效肯定。以"子母"寓骨折断端,子寻母的人性深情,通俗易懂。该法是杜氏硬伤(骨折)手法复位之特色。

为了容易理解杜氏正骨手法的具体内涵，以桡骨远端伸直型骨折复位为例：一助手固定患者伤肢前臂近端，术者两拇指分别放于尺桡两边背侧的骨折远端，两食指放在尺桡两边掌侧骨折近端对抗牵引，持续对抗牵引下，术者双手拇指用力挤压骨折远端掌侧成角，纠正骨折断端掌背侧成角。然后双手食指将骨折近端向上端提，顺势两手将腕关节迅速尺偏。这是"牵、卡、挤、端"等手法配合一气呵成。在持续牵引状态下，于桡骨远端桡背侧、桡骨近端掌侧置放压骨垫，四方小夹板绷带包扎固定，三角巾悬吊胸前，嘱患者做伤肢主动握拳动作，促进血液循环。

5. 硬伤（骨折）手法治疗要点

《医宗金鉴·正骨心法要旨》曰："手法各有所宜，其痊可之迟速及遗留残疾与否，皆关乎手法之所施得宜，或失宜或未尽其法也。……一旦临症，机触于外，巧生于内，手随心转，法从手出，或拽之离而复合，或推之就而复位，或正其斜，或完其阙。则骨之截断、碎断、斜断，筋之弛纵卷挛、翻转离合，虽在肉里，以手扪之，自悉其情。……盖正骨者，须心明手巧，既知其病情，复善用夫手法，然后治自多效。……较之以器具从事于拘制者，相去甚远矣。"杜氏硬伤（骨折）手法治疗要点便在秉承《医宗金鉴·正骨心法要旨》为之提示，归纳为以下四点：

（1）"沉"：心境沉着；

（2）"和"：态度和蔼；

（3）"巧"：心灵手巧；

（4）"快"：手法快捷。

6. 硬伤（骨折）三期辨证的治疗原则

杜老治疗骨折过程中，提倡按照初、中、后三期病理改变的不同状况，掌握"初懒、中勤、后养"的治疗原则，而且主张正骨复位固定、用药、练功应根据患者具体伤情调整变化施治，方能取得事半功倍的效果。

（1）初懒：在骨折初期，约在骨折以后半个月内的时期中，对患者的诊治次数不宜过于频繁，可以3~4天一次。

（2）中勤：骨折治疗半个月后便属于中期，这期间诊治次数要频繁一些，可以 1~3 天一次。一方面矫正对位尚不满意的部位，另一方面开始对伤肢进行次数较多和范围较大的活动练习。

（3）后养：骨折治疗后期主要对患肢进行按摩，帮助患肢活动并嘱患者进行必要的体功锻炼，以养其劲力。以上分期原则运用不可拘泥，临床上要根据患者个体情况酌定。

7. 硬伤（骨折）的用药

合理内服、外敷中药治疗，应按早、中、后三期辨证用药原则，中病即止，不可过量。临床上根据伤情，可用可不用者，尽量不用，避免滥用。必须注重用药直达病所，以达疗效卓著。早期外敷活血化瘀中药或浸敷药酒，其散瘀消肿效果较内服药明显。后期熏洗伤处能松解粘连、软化瘢痕。

8. 硬伤（骨折）后期康复手法注意事项

骨折整复、固定完毕，即可开始主动练习肌肉收缩，促进局部血液循环，减少肿胀。康复手法的次数由少至多，力量由轻至重，幅度由小至大，渐渐增加。具体注意事项如下：

（1）硬伤（骨折）后期，骨愈筋粘，关节活动受限。依据"筋喜柔而恶刚"的特性实施康复手法，力度、速度、刚柔度、轻重交替均应得当，这是硬伤后期以手法辅助练功操作的基本要求。

（2）康复手法速度频率掌控，应以徐缓有力、渗透为要，这样有利于疏通经络之瘀滞。若手法速度过快，其力仅在肌表，不能深达病变部位，还有扰乱气血循行之虑。力度深的手法，如点穴法、分筋法、滚摇升降法、弹筋拨络法的使用要适可而止。手法频率应略低于患者每分钟脉搏次数 5~10 次，过快则力漂浮而不深透。除特别要求轻快的手法外，一般以速度徐缓为宜。

（3）康复手法应轻重交替。开始时手法的力度宜轻，让患者有个适应过程。轻手法力度多用在皮部或肌肉表层，刺激温和，有温养筋脉、调和气血的作用。重手法刺激作用强烈，虽有舒筋活络、通散泻实作用，但因对气血的干扰较大，不宜多用久用。所以，康复手法在轻重交替的使用过程中，仍以轻手法为主，重手法辅之，重手法应谨慎使用，防止过度。同时，要克服"手法力度越重，关节粘连松解效果越好"的错误倾向。

二、杜自明对软伤（筋伤）的认识

1. 软伤（筋伤）内外因分类

内因：不注重身体锻炼，体虚支撑力下降而易引伤，或极度疲劳之下超负荷运动或工作，或因职业原因频繁在一固定姿态下过久或剧烈地工作，虽无外力，亦可致病。如钢琴家、专业运动员等所发生的肘、前臂腕部疼痛便是。

外因：可分为外力损伤和六淫侵袭。"枢、搋、闪、凝"是外力损伤的主要原因。往往发生于外力接触的局部或远端，致机体损伤，气血阻滞，产生疼痛肿胀。

（1）枢：力之产生，必先以意行气，谓之运气，气运而产力，气力和调，则能运用自如。如需大力而运气不足，则不能完成使命。若只需小力而运气太过，则必忍回余气，反作用于人体致组织损伤，谓之枢伤。枢也是指上、下肢运动爆发力使用不当。枢属气，是气阻病变。

（2）搋：窄小钝器接触人体某一点，由外力与人体挤压而致，如肩荷重物时脚踏于砖瓦碎片之上，因搋而致局部肿胀、疼痛，扪之有硬块，谓之搋伤。搋也是指不经意间的胸壁挤压伤。搋属血，是血凝不行。

（3）闪：骤然之间，人体由于闪躲外力冲击时跳起落地，或急行时踩于不平之地，而致关节及周围组织受伤，谓之闪伤。闪也是指关节使用不当暴发力，致关节组成诸骨排列紊乱。闪属关节受损。

（4）凝：遭受"枢、搋、闪"伤之后，没有很好地活动经络、疏通气血，气血日久凝聚于经脉之间，在经穴机窍处形成核块，疼痛肿胀，谓之凝伤。凝聚致伤，致寒、热、气、血的不正常凝滞紧集，致使筋起疙瘩。凝属筋，是筋滞集聚产生筋结。

（5）六淫侵袭：六淫邪气中主要是风、寒、湿邪致病。人体遭受风寒湿邪外侵后，可致筋脉气血凝滞，如不及时发散疏通，久则产生筋膜腠理病变，在经穴机窍处发生筋结而致疼痛功能障碍。

2. 软伤（筋伤）病理分类

（1）痕：钝器伤至皮下凹陷，谓之"痕"，是指伤处组织痉挛，扪之变硬变粗，有外形的改变，即现代医学谓之的"板结、肥厚"。治疗常用弹筋法、分筋理筋法，在"痕"之周施治。

（2）跡：皮下腠理瘀血、瘀斑，望形可见，谓之"跡"。治疗常用理筋法、按摩法，配合外敷活血散以散其瘀。

（3）核：皮下腠理脉络、肌腱韧带部位可触及小结节，不与皮肤粘连，指下感觉微滑动，按之即疼者，谓之"核"。其形态不一，有如"条索状""豌豆状"等，又称"筋结"，为较小的组织粘连。此为气血阻滞所致，治法多在"核"上使用分筋法，能消散获愈。如症消"核"不全，也可视为获愈而结束手法治疗。

（4）块："核"大者谓之"块"。其因伤后治疗不当，或未经治疗"核"久成"块"。此块状物移动性较核小。治疗用分筋法、理筋法、按摩法，于"块"之边缘部犹如蚕食般的施治。如配合外敷药疗效更佳。

杜氏手法辨证施治中，特别强调针对这四种病理组织形态，分别采用不同的筋伤手法对症施治。

3. 软伤（筋伤）时间分类

（1）新伤：伤时不超过半月者。虽为新伤，但治疗的时间及效果应该与伤因病情、部位、患者身体素质、年龄等而异。

（2）陈伤：受伤超时半月以上。

临床辨证新、陈伤，有利于运用中医辨证指导内服煎汤、外敷用药，以提高疗效。

4. 筋伤（软组织损伤）性质分类

（1）筋长：乃为外伤后筋被牵拉。如失足内翻致踝部外侧筋伤，出现筋的弛缓，导致关节失稳，这就是外踝筋牵拉弛长。

（2）筋短：外伤筋缩。如足内踝扭伤久不愈，或习惯不良步态，其内侧筋会因挛缩显短。

（3）筋硬化：损伤治疗不当，气血壅滞不行，或久行单一不变的体位操作，致该部筋络长时处于强直基础上，发生机体疼痛功能障碍。

（4）筋出槽：伤后筋脉离开原有位置，且不能自行复位。

（5）筋移位：与筋出槽相似，但经活动后可自行复位。

（6）筋绞：外伤两筋交错紊乱。触诊可及索状绞样物。

（7）筋结：上述之"核"与"块"。

（8）筋缩：与筋短相似，只是发病部位较筋短广泛，不限于关节部位。

（9）筋软：伤后患者自觉伤部肌无力，不能行走（多因神经损害）。

（10）筋萎：伤后不治，或治疗不当，不作功能锻炼，致肌肉筋膜萎缩。筋软进而发展也可致筋萎。主要以按摩法、滚摇法配合体功锻炼以恢复其功能。

杜氏运用软伤（筋伤）内外因、病理组织改变等分类的理论指导临床辨证，提高了筋伤诊断准确率，并针对不同筋伤分类，提出适宜的运用单式或套路手法的辨筋施治手法理论，为提高临床疗效奠定了基础。如针对单一的"筋结"而选择单式的"分筋法"，针对"痕、块、核"选择复式套路的"理筋法、分筋法、捏按法、弹筋拨络法"等。这是以"证为法施、法随筋变"的灵活手法运用，提高临症效果的重要理论依据。

5. 软伤（筋伤）四诊合参辨证

杜氏认为："筋为气之主，气为筋之辅，筋气两相宜，损伤何所惧。"这里所讲的"宜"则相生互补，犹如"正气存内，邪不相干"，筋骨强健，神气饱满，故不易损伤或伤后亦易痊愈。

（1）望诊：观察面部有无紧张痛苦、面色苍白、呼吸短促等，以及体态改变与功能情况。要注意"筋伤不能伸，骨伤不能屈"的基本规律。观察损伤局部有无气肿、血肿。血肿多为毛细血管破裂所致，多发生于新伤，表现为局部青紫血斑，按之肿硬；气肿一般多因气郁不行，局部浮肿如棉，皮肤色泽一般不变。如气滞血肿者，则局部肿胀硬如石，多为严重外伤。如是陈伤尚要观察有无肌肉萎缩、关节强直等。望诊中还要注意观察皮肤有无过敏。

（2）闻诊：观察患者有无呻吟，不敢咳嗽，呼吸不匀，甚至有骨与关节异常等。新鲜重伤如呻吟不止，不敢咳嗽及呼吸不匀，多有内伤，骨异常畸形有骨折。

（3）问诊：问伤因、职业、病史、发病现况、自觉症状、既往病症，问诊对诊断疾病有很重要的作用。

（4）切（摸）诊：切诊在中医筋伤诊断中尤为关键。方法是在组织损伤局部并循其经络路线，以拇指、食指循筋切按，由浅入深，方能辨别筋损的"软、硬、短、长"，筋起的"核、块"。

6. 软伤（筋伤）治疗十法

筋伤的治疗十法是指"点穴法""按摩法""理筋法""分筋法""弹筋法""拨络法""滚摇法""升降法""捏按法""镇定法"。

以脱臼上髂手法为例：

杜氏临症十要之"脱臼以合榫为要"。脱臼可分为全脱、半脱（错骨缝）两大类。还根据脱位方向有前脱、后脱等分类。不同类型的脱位应采取不同的手法复位，上髂手法除可选用正骨手法中的"牵法""卡法""挤法"外，尚须使用"按摩法""升降法""内磨和外磨法"等筋伤手法。杜氏认为关节脱位均应遵循"从哪里脱出来，就从哪里送回去"的原则。关键是要审查清楚，忌粗暴手法而使巧劲，及时愈早送回"窝子"（关节臼）。

筋伤的治疗十法可分为两大类，即舒筋活络类和运筋活节类。

（1）舒筋活络类。

① 点穴法：点穴法是针灸疗法在按摩手法中的应用体现。术者以拇指（或食指或中指）代针深点受伤局部之穴位（有时亦根据经络循行，做远距离部位的点穴），或加镇定，或加按摩，根据需要而定，操作中应随时观察"晕针"现象。一般旧伤主用按摩，新伤主用镇定，其作用在于通关开窍、以通定痛。

② 理筋法：根据部位不同，常以一手或双手的拇指球部（或拇、食二指，或食、中、环三指）自上而下或自上而斜下，保持按压深度，以平稳的劲力，

缓缓移动，疏理其筋，不可中途松劲，以免作用不实。进行理筋时一般两侧同时施理，也可一指在前，另一指跟随，增加其强度，或弥补指劲之不足。理筋完毕时给予镇定以巩固其效果。至于理筋部位的选择，则需依照受伤的部位而定。一般以伤部筋络为主，但要注意由近及远，且伤部上下方也要捏按，此法作用在于调和气血、生力定痛、顺筋归位。

③ 分筋法：用单手或双手拇指甲部（甲勿过长或尖突，以免增加疼痛或伤破皮肤），或食、中、环指三指并拢深压筋结（筋结于伤部见之，为发生疼痛及功能障碍等之症结所在）之上，或按于压痛明显处。由筋结或压痛点之边缘部，用柔和之力，进行平稳的按压、左右横向拨动，宛如蛇形状，约20～30下，按压拨动时指尖不离开皮肤，随皮肤之活动而上下，移上时不用力，拖下时用力。此种方法有助于解除筋结，临床上是解决"痕、块"的有效手段。这是一种看似简单，但难度较大的细致而持久的手法，也是筋伤中应用较广泛的一种方法。分筋法是筋伤手法的核心手法之一。

单指分筋点压法钝性分离变性筋膜的"痕""结""核""块"病理组织，要求医者手法触及肌肤，以内动外不动的方式，由上及下，由左及右，顺时或逆时旋转点压、按摩、分筋、顺筋、拨络病变组织。而且应当做到"神形合一"之专注，"以意行气"之力，"力达病所"之功，获取损伤筋膜腠理的酸、麻、胀之感，这是杜氏分筋手法的特点之一。

④ 弹筋法：术者以拇、食二指，或拇、食、中三指，用平稳的力量，将肌肉、肌腱或神经提起，然后迅速自拇食二指之间弹出（如拉弓弦状），谓之弹筋。这也是拿法的衍化手法。每处每次弹1～3次即可。弹筋以后，并给予理筋，以解除不适之感觉。弹筋的作用能使血脉流畅、筋络宣通。

弹筋部位分述如下：

颈部可弹颈侧筋（相当于胸锁乳突肌、肩胛提肌处）、横梁筋（相当于斜方肌锁骨后之部分）、项筋（相当于斜方肌之颈项部分及头项夹肌等）；胸部可弹胸筋（相当于胸大肌、胸小肌之外缘处）、腋后筋（相当于大圆肌、小圆肌及背阔肌外侧缘）、海底筋（相当于腋窝内各神经）、腹筋（相当于腹内外斜肌处）；背部可弹背筋（相当于大小菱形肌及斜方肌之胸椎两旁部分）；腰部可弹背筋及腰筋（相当于腰大肌及髂嵴上方之腹外斜肌、腹内斜肌之外侧部分）；肩部可弹背筋（相当于竖脊肌）、横梁筋（相当于斜方肌）、海底筋（相当于腋窝臂丛）；胸部可弹胸筋（相当于胸大、小肌）、腋后筋（相当于肱三头外侧部）；上臂及肘部可弹肘筋（相当于肱骨内髁附近尺神经及肘下桡侧肱桡肌部分）；前臂腕及手部可弹肘筋（相当于前臂尺侧屈腕肌、肘后肱三头肌）；胯部可弹胯部诸筋（相当于股直肌、缝匠肌与内收长短肌之上1/3部分）；臀部可弹臀下筋（相当于股二头肌、半腱肌之上1/3部分）；膝部与小腿部可弹股筋（相当于股直肌下1/3处）及膝窝内侧筋（相当于股二头肌、半膜半腱肌之下1/4部分）。

⑤ 拨络法：术者拇指与其他四指成相对方向，抓紧患者伤部附近不能提起的肌束和神经，拇指不动，其他四指与肌束成垂直的方向，施力左右拨动，谓之拨络。拨络的作用在于振奋筋络、止痛缓痉。例如肘、踝关节及足部的诸伤，可拨内踝后下方诸筋（相当于胫神经在内踝下分成足底内外侧神经的部位），还可拨小腿肚内侧的筋（相当于腓肠肌及比目鱼肌的内缘）。

⑥ 按摩法：术者拇指指腹，或食、中、环指三指指腹并列，或大小鱼际、掌根，紧贴于皮肤表面，施垂直压力，谓之"按"；按压同时，在施力部位作直线或圆周移动，着力于深层组织，谓之"摩"。直线移动按摩谓之摩理，属弱刺激；旋转圆周移动谓之揉擦，较上法刺激为强。旋转圆周移动还可分为固定旋转（揉法）和螺旋直线移动（揉擦法）。按摩是按压力与摩擦力相结合的复合移动形式，正如《医宗金鉴·正骨心法要旨》曰："按者，谓以手往下抑之。摩者，谓徐徐揉摩之也"。按摩是中医骨伤手法中运用得较广泛的一种，"按其经络，以通郁闭之气，摩其壅聚，以散瘀结之肿，其患可愈"。其作用是理通经络，摩散结肿。

⑦ 镇定法：分指压镇定与掌握镇定两种。前者是在点穴、分筋、理筋等手法终结时，不立即放松指劲，而静止不动，停留片刻，谓之静镇定。后者乃是术者以手握住患部的远端，在行上述多种手法后，将患者伤部固定在一种利于恢复功能的状态，停留片刻，谓之动镇定。镇定的形式应根据患病部位的不同而有所差异。例如腕部伤，须行被动性掌握（或背屈）镇定；腰部损伤，则须行绷腿镇定（患者下肢置术者膝上，术者用一手固定患者膝部，不令弯曲，另一手稳力推足尖部，令踝关节背屈，助手配合，压患者两肩令

前屈其腰）。做时应缓缓进行，不可粗暴。镇定法的作用在于展筋定痛。

⑧ 捏按法：一种用于四肢部的辅助手法，常于手法完毕时，从上往下，捏按3~5遍。具体操作法：嘱患者松弛患肢，术者一手拿定其末端，另一手拇指与其余四指相对，用平稳的压力，自上而下，一松一紧，捏按筋肉，可促使血流通畅，经络舒展，有利于伤情的恢复。

（2）运筋活节类。

① 滚摇法：以关节为中心作环形摇转，使关节产生滚动和碾磨的一种方法。滚摇法通常配合升降法使用。其作用在于滑利关节。以肘为例，使用时术者左手握定患者肱骨内外髁部，右手握定腕关节，自内向外旋转滚动，再自外向内旋转滚动，摇数左右相等。用在腕关节有"内磨法"和"外磨法"之分。"内磨法"：固定患者的手，以腕关节为中心进行顺时针和逆时针方向摇转活动；"外磨法"：固定前臂，将手进行顺时针和逆时针方向摇转活动。

② 升降法。升降法应用范围较广，全身各关节均可使用，作用是展筋利节。升降法又可分大升降法、小升降法、通臂法、转节法。

a. 大升降法：为活动腰部和髋部的方法。患者完全下蹲身体前屈，术者位于其身后，扶患者腋下助其直立，反复数遍，使患者腰部和髋部被动屈伸运动。

b. 小升降法：多用于肩、肘、膝关节的活动。将活动的关节作一定幅度的屈伸活动，反复多次。

c. 通臂法：根据肩关节功能而设计的一种方法，以增加关节活动度，作不同方向的扳动。通臂法还可分为前屈通臂、后伸通臂、内收通臂、外展通臂、内旋通臂和外旋通臂。经典的肩部"三通臂法"广泛运用临床。操作时，动作缓慢，活动范围由小到大，循序渐进地进行。

d. 转节法：分转腰、转膝。

转腰法：患者取坐位或站立位，术者位于其后。术者一手掌抵住患者腰部，拇指和中指分别按压在两腰眼处，另一手扶住患者肩部，协助患者作腰部的前屈、后伸、左右侧屈和左右旋转活动。

转膝法：患者取站立位，双膝微屈，双手扶住其膝关节前方，将关节作顺时针和逆时针方向摇转。

杜氏依据损伤症因不同，将手法分为舒筋活络和运筋活节两类。一类是适用于软组织损伤的点穴按摩、分筋理筋、弹筋拨络、捏按镇定手法；另一类是滚摇、升降等用于通利关节的手法。手法需多做多练，方能熟能生巧。正如《医宗金鉴·正骨心法要旨》曰："……伤有轻重，而手法各有所宜，其痊可之迟速及遗留残疾与否，皆关乎手法之所施得宜，或失其宜或未尽其法也。盖一身之骨体既非一致，而十二经筋之罗列序属又各不同，故必素知其体相，识其部位，一旦临证，机触于外，巧生于内，手随心转，法从手出。或拽之离而复合，或推之就而复位，或正其斜，或完其阙。则骨之截断、碎断、斜断，筋之驰纵卷挛、翻转离合，虽在肉里，以手扪之，自悉其情，法之所施，使患者不知其苦，方称为手法也。"根据同一个部位发生几种疾病，手法治疗是相同的，即异病同治。

7. 常见部位疾病的杜氏治疗手法

（1）颈部手法。

颈部常见软组织疾病有颈椎病、落枕、颈部挫伤、项背肌综合征等。这些疾病在使用手法治疗时，有很多是相同的。落枕的手法大都在颞骨乳突及肩胛骨内上角附近。颈椎病多由于长期伏案埋头，发病缓慢，疼痛部位较广泛，颈肩部可有多处压痛点，一般都在肌肉的肌腱与韧带起止点，该处肌腱承受的拉力最大，也容易受伤。

在此以具代表性的颈椎病为例，介绍杜氏手法在颈部疾病中的运用。

① 按摩。患者取坐位，让患者头颈部放松。术者站于患者的身后患侧，用拇指与食指、中指对捏颈椎横突两侧，从颞骨乳突附近向下沿横突慢慢按压，直至肩部，以查找颈椎横突两侧的压痛点。然后再从横突与棘突之间的间隙处，自风池穴开始，缓慢向下按压直至肩部，看有无压痛点，双侧对比检查，可让患者感受痛之所在，也让术者体会到肌肉是否紧张，有无筋结，疼痛越重处就是按摩的重点。再从环椎棘突间向下按压至第七颈椎棘突，再按压棘突两旁，查找其压痛点。然后双手拇指按压肩胛骨内上角的上方，再改用双手其余四指按压于两侧的肩胛上窝，查找其压痛点。最后用双手拇指侧压于两肩胛骨内侧至棘突处及肩胛冈下窝，查找压痛点。查找压痛点的目

的是查找病变所在。凡有压痛之处，必须单指法点穴按摩，频率为16次/分。查找痛点的过程，既是了解病情轻重的过程，也是了解手法治疗是否获效的过程。手法按摩过程中，还能摸出肌肉是否发紧，甚至挛缩。如发现上述情况，则需加倍按摩，手指力度也要加大，以患者能承受为度。颈部两侧是对称的，患者虽述一侧疼痛，另一侧也必受影响，因此另一侧也需要按摩相同时次，疗效会更佳。如果患者伴有头痛头晕，则需要加按摩太阳穴及百会穴10次，方法是用双侧拇指指腹分别放在患者两侧颞面，另四指抱住枕骨，顺时针和逆时针分别按摩，然后头顶部亦如此按摩10次，最后用双手五指尖在头顶两侧，由前向后推按头皮各10~20次。若有耳鸣，则需在下颌小头的后面用拇指指腹轻柔地向前上方按摩10次。若两侧耳鸣，则双侧均应治疗。按摩是以拇指指腹压于最痛点，手指与患者的皮肤不分离，力的大小以患者能忍受其疼痛为度。术者指力按压的疼痛和患者平时自觉的疼痛相近为最好，一方面说明找到了病之所在，另一方面说明这是最佳指力，力之所达，是在受伤的肌腱或韧带上，而不只是手指与患者皮肤的摩擦。

② 活动颈部关节手法。按摩之后，接下来是活动头颈关节的手法。颈部正常运动有前屈、后伸、旋转、侧弯等。活动颈部关节的手法，目的是要达到该关节的正常生理活动范围，治疗后患者能感觉到症状有所减轻，甚至疼痛消失。颈部的活动手法：一是摇头，即术者一手扶住患者的枕部，一手托住其下颌，嘱患者不要紧张，将头缓缓作顺时针方向旋转，当旋转到颈部肌肉放松时，双手配合一致，轻柔地扶枕部之手一推，托下颌之手回收，此时会发出一声弹响，嘱患者勿恐慌，这是头颈关节活动松开的表现，若未发出响声，不必强求。然后术者换位到对侧，施同样的手法。一定要左右对称活动。二是侧扳。术者一手绕患者项后，放在对侧颈旁，肘关节压同侧肩部前方，让患者肩关节稍后退，另一手平放于耳上顶骨部，将头向对侧推压，常发生弹响声，无弹响声不必强求。这也是头颈部关节活动开的表现。对侧也要用同样的手法。个别患者害怕扳动颈椎，更怕弹响声，也可以不做头颈部的扳法。活动颈部关节时一定要轻柔，活动范围应不超过正常生理活动度，忌粗暴手法。三是拔伸。拔伸共有九个方向的牵引。具体拔伸方法：术者一手的左肘部稍弯曲过90°，将其托在患者的下颌部，另一手的拇指、食指张

开，扶持在枕骨下，当弯肘关节用力向上提头颈之时，扶枕骨之手也同时配合用力向上升提，同时询问患者有无症状减轻或加重的感觉，若有轻松感觉，那就是手法恰到好处。然后开始牵引，一手弯曲向上提同前，另一手改用拇指指腹压于颈椎4、5、6棘突上，当肘关节弯曲用力向上提头颈之际，压棘突的拇指同时用力向前推，此方法能使变直的颈椎恢复生理曲度，或者反弓的颈椎改善，变窄的椎间隙也能增宽。下一步进行牵引，术者将一手拇指、食指张开，托于患者下颌骨边缘，另一手扶着枕骨，将患者头部尽量向后仰，并询问患者颈部有无疼痛，有则正常按摩此位置痛点完毕后增加按摩约20次。然后托下颌之手，改为顶住下颌骨的前面，另一手托住枕骨，压头使头部尽量向前低下，最好能让下颌部紧贴胸前，当然也不强求。若此时颈椎后侧有疼痛，也可以按头后仰时按摩痛点的手法治疗。若无疼痛，则不需按摩。接下来进行左右侧牵引。具体方法：术者使左肘关节用力向上提患者头颈之时，扶枕骨的右手也配合提升，将头颈部缓慢正直地弯曲于双肩部的两边。接下来的牵引是术者用左肘关节用力向上提的同时，扶枕骨的右手使尽量向左下方，直至左侧锁骨。然后再缓慢仰头斜向右侧肩部，对侧也应该施用同样的手法。这九种不同方向的手法牵引后，对神经根型颈椎病、椎动脉型颈椎病、交感型颈椎病的患者症状能得到明显的改善。对于脊髓型颈椎病一般不宜使用此类手法治疗，有些患者治疗后可能会使症状不减轻反而加重。颈椎其他类疾病相比于颈椎病的治疗手法就简单得多了。每周二到三次手法治疗，若有必要可以每天一次按摩。此外，临床还可能遇到颈椎病急性发作，神经根炎症粘连，引起对应上肢神经根支配区域剧烈疼痛，严重者影响睡眠工作，无法接受手法治疗，甚至当手一接触到颈部皮肤就疼痛不能忍受者，可以先给与脱水药物或局部神经根封闭治疗至疼痛症状有所缓解后，再施手法治疗。

（2）肩部手法。

临床上肩部常见疾病有肩周炎、肩部挫伤、肩关节周围骨折后肩关节功能障碍、肩关节脱位等。其中最常见的是肩周炎。杜氏手法治疗肩周炎有独特的疗效。在此以肩周炎为例，介绍杜氏手法在肩部疾病中的运用。

① 按摩。患者取坐位，术者立于患侧。术者首先沿着患者肱二头肌长头

腱的行走路径进行按压，特别是在肱骨大小结节间沟处，疼痛最明显，应重点按摩。其次是肩胛冈下外侧，一定可以找出明显的压痛点，应该重点按摩，频率为 30 次/分。此外在三角肌的起止点（即肱二头肌短头腱的起止点）也是重点检查的对象，如有疼痛，也应当按摩，频率约 20 次/分。

② 肩关节活动手法。接下来就是肩关节的活动手法。肩关节的正常活动方向有前屈、后伸、外展、内外旋转、内收、上举等六个方向，对肩关节活动施法时，也应当考虑这六个方向。肩关节活动手法：一是摇滚。术者站在患者患侧背后，用前臂从患肢上肩后面绕经腋窝将手掌搭在患者的肩前，另一手压在肩上。将患者肩关节顺时针与逆时针方向各旋转约 10 下。二是内收。术者一手推患者肘关节，另一手握住腕关节，将患侧肩关节向对侧推移，逐步、多次、缓慢地使患肢手掌搭于对侧肩关节，并能使肘部紧贴胸部，每次手用力以患者能承受的疼痛为度。正常的肩关节内收时尺骨鹰嘴可以达到胸骨中线，并且能紧贴前胸。三是前伸上举。术者一手握患者肘关节，另一手握住前臂，用力将患肢一边牵引一边上举，上举的同时并旋转上肢，直至患者不能忍受疼痛时方可停止，然后缓缓放下，然后又抬高放下，反复三次，牵引下抬高的目的是使患肢容易上举且疼痛又较轻。旋转上肢，可以松解肱骨头与关节囊间的粘连，利于肩关节功能早日康复。如果检查肩关节上举幅度差，肩关节粘连重，稍有活动也是肩胛骨代偿上抬，肩关节周围组织僵硬无自然柔韧性，对于此类患肢，用上述手法不易见效，因为上举已经没有肩关节自身的运动，而是肩胛骨的外移。正确手法应是让患者仰卧于床上，患侧在外，术者一手压住其肩胛骨外缘不让其外移，另外一手握住患肢肘关节缓缓上举，高度以患肢能忍受的疼痛为度。四是外旋。术者站在患者的对面，一手托住患者肘关节，另一手握住腕关节，使患肢前臂向外旋转 10 下。五是摸背。术者站在患者后外侧，一手放在其肩关节前方，另一手握住患肢腕关节并稍屈肘，将患肢缓慢向后背移动，病情轻者，手可以摸到腰 5 椎体水平，病情重者只能摸到臀部。当患肢向臀部腰背部运动时，如果患者述疼痛难忍，应立即停止运动，以免造成损伤。疼痛消除后，可继续进行反手摸背运动，反复运动 5 次。这个反手摸背的动作是后伸、内旋两个动作一起运动，且将肱骨头向前推移，使结节间沟的肱二头肌长头腱更加紧张，因此容易引起剧

烈疼痛。做此手法时，忌运动过快或过于追求运动幅度。

③ 辅助手法。肩关节活动手法完毕后，还可以给予一些辅助手法：一是弹背筋。术者站在患者的背后，让患者挺腰低头，术者一手握住患肢前臂，并屈肘放在胸前，另一手拇指、食指、中指提竖棘肌和菱形肌，提起放下，如此反复3次，有时会发出响声。弹筋后，立即在原处揉摩数次，缓解疼痛。再弹数次再揉摩，使背部肌肉放松。二是弹腋筋。术者一手握住患肢腕关节，使肢体与身体呈90°外展平伸，另一手拇指、食指伸至患侧腋窝下提起腋神经，像弹弓弦一样弹3次，患肢感触电似的手麻，这时应立即捏按手臂数次，缓解麻木。过后手臂会感到舒适。三是捏肩。术者双手在患者双肩关节捏按20次，使肩部舒适。四是合掌。术者双手掌分别放在患侧肩关节前后，顺时针和逆时针方向分别合掌揉摩20次。至此手法全部结束。肩周炎应每周治疗2～3次。肩周炎早期疼痛剧烈，因此手法要轻柔。若患者疼痛剧烈不能忍受手法，可在肩关节局部痛点给予封闭治疗，至疼痛减轻后再施上述手法。

（3）肘关节手法。

肘关节软组织疾病包括网球肘、肘关节骨折后关节粘连、肘关节异位骨化、肘关节骨化性肌炎、肘关节软组织挫伤、肘关节骨性关节炎等。由于肘关节是尺骨与肱骨滑车、桡骨与肱骨小头和尺桡上关节三个不同形状的关节组成的复合，相比其他关节更复杂，这种解剖结构导致手术时有顾此失彼之虞，但对手法治疗无妨碍，正好发挥中医骨伤科之长。杜氏手法治疗肘关节软组织疾病有独到的疗效。以上所举的肘关节软组织疾病各病种的手法治疗，既有其相同之处，又有其特殊之处。在此只叙述按摩、推拿等共通的手法。

患者采用坐位或卧位，术者立于患者患侧，按压患肢肱骨内、外髁附近，一定要找出明显的压痛点，给予重点按摩，频率约20次/分。肘前窝及尺骨鹰嘴周围也要检查，若有疼痛处，也需按摩，频率约20次/分。手法要轻柔适度，切忌粗暴。接下来是活动肘关节的手法，肘关节的正常运动有屈曲、前伸、前臂旋转（旋前、旋后）几个方向的运动，活动肘关节的手法应根据肘关节的活动方向给予推拿按摩。活动肘关节的手法：一是过伸。术者坐于患肢对面，将患肢手腕夹于术者腋下，一手托住患肘，术者之肘放于自身膝上，以加大力量，另一手扶患肢肩前，将扶肩之手与夹手之腋作对抗牵引患肢，同时托肘之手用力向前推，使患肘关节尽可能伸直。力的大小以患者能承受疼痛为度。肘部挫伤与骨化性肌炎的手法宜轻，其他肘关节疾病可用较大之力。过伸手法可以牵引放松，放松再牵引，重复此动作3遍。二是滚摇。术者一手托患侧肘部，另一手握住患侧腕部，然后顺时针与逆时针方向各旋转患肘关节5次，"网球肘"的旋转要加上伸腕，使前臂伸肌群的起点在内旋时受到较大力量的伸展。三是屈曲。术者一手托患肘部，另一手握住患侧腕部，将患肘尽可能屈曲，以患者能忍受疼痛为度，屈后伸展，伸展后又屈曲，重复3遍。四是翻转。术者一手握住患侧肘关节，另一手握住患侧腕关节，将患肢前臂尽可能大地旋前、旋后，再旋前、又旋后，重复5遍。无前臂旋前旋后功能障碍者，可不做此手法。接下来弹腋神经3次，拔伸手指各一下（同肩部手法），至此肘关节的治疗手法即全部结束。肘关节软组织疾病每周治疗约2~3次，若有必要也可每日1次。但应特别注意的是肘关节挫伤切不可强力伸屈，只可轻柔按摩。在疼痛较轻的情况下伸屈肘关节，以免发生骨化性肌炎，造成后遗症，甚至肘关节僵直。

（4）腕部手法。

腕部软组织疾病包括腕关节尺侧和（或）桡侧副韧带扭挫伤，桡骨远端骨折夹板固定时间长引起的腕关节粘连性功能障碍，腕管综合征等，以上腕关节疾病均可用杜氏手法治疗，具体操作方法如下：

患者取坐位，术者站在患者患侧，首先压按尺桡侧副韧带处及腕关节掌背侧，检查有无疼痛。一旦找出明确压痛点，均需重点按摩，频率约20次/分。接下来是活动腕关节的手法。腕关节的正常运动包括掌屈、背伸、尺桡侧倾斜及前臂旋转（旋前、旋后）几个方向的运动。活动腕关节的手法，也应依据腕关节的正常活动方向给予正确推拿。活动腕关节手法：一是滚摇。术者一手握住患侧尺桡骨远端，另一手用掌心握患肢掌骨至手背侧，作顺时针与逆时针方向的旋转，各5~10次。二是屈伸。握法如前，将腕关节尽可能大地背伸，再改由背侧握掌骨至手掌，将患腕关节尽可能大地掌屈。三是尺桡侧偏。握法也如前，将患侧腕关节向尺、桡侧尽可能大地倾斜各5次。四是翻转。术者一手握住患肘关节，另一手握住患腕关节，将患肢前臂尽可能大地旋前、旋后各5次。若无前臂旋转功能障碍者可不做此手法。活动幅度的大小以患者能承受疼痛为度。也可用另一种手法，具体操作为：术者站于患者对面，一手握住患肢第1、2掌骨，另一手握住患肢第4、5掌骨，在与患肢作对抗牵引下，将腕关节顺时针与逆时针方向旋转各5次，并顺势掌屈、背伸及桡尺侧偏。这一连串手法应一气呵成，根据具体情况可重复进行。动作的大小应以患者能承受疼痛为度。接着弹腋神经3次，拔伸五指各1次，至此手法即全部结束。腕关节软组织疾病每周手法治疗2~3次，也可每日1次。

（5）腰部手法。

杜氏手法治疗腰部疾病疗效满意。中医骨伤科常治的腰部软组织疾病包括腰椎间盘突出症、急性腰扭伤、腰椎小关节紊乱综合征、腰三横突综合征、腰椎退变性侧弯综合征、腰肌劳损、腰椎骨折后腰部疼痛、强直性脊柱炎等。这些疾病在临床上常见，而且近年来，这些疾病的发病率呈明显上升趋势。这类疾病用杜氏手法治疗，虽然完全治愈的难度较大，但对于患者的症状缓解疗效是很确切的。以腰椎间盘突出症为例，目前对于腰椎间盘突出症的治疗方法较多，有手术治疗（如微创手术、开放手术等）和非手术治疗（休息、针灸、牵引或理疗、封闭、内服外敷药物等）。但总的说来，治疗效果都并不令人完全满意。杜氏手法的治疗可以作为此类疾病的一种很好的补充，只要选对适应症和施以正确的手法，可以达到良好的康复效果。以上所举疾病，病虽不同，但杜氏手法的治疗手法大同小异。在此介绍腰椎间盘突出症的杜氏手法治疗特色。

患者取俯卧位，双上肢贴两侧身旁，一定要叮嘱患者全身及腰部放松，以便能准确查找病情。术者站在患者患侧，第一步用双手拇指按压骶棘肌旁，并从腰肋脊角开始，直至骶棘肌的起点，即腰、骶、髂骨会合的三角处。第二步按压腰、骶的棘突间隙中，检查有无压痛点。第三步向下，在腰椎横突处按压，查找压痛点。第四步再往下在腰方肌及腰大肌侧旁按压查找疼痛点。第五步按压臀部的髂棘后下缘附近、骶椎旁、环跳穴与梨状肌止点，即股骨大转子顶部附近。骶棘肌虽与背棘肌分成两个部分，但是两者的肌纤维相互重叠，如果骶棘肌有病，也可影响背棘肌，因此背部同样需要检查。一旦找出压痛点，则需按频率约 20 次/分进行按摩。第六步按压大腿后侧、外侧及小腿的承山穴、阳陵泉以及腓骨后侧、内侧等地方。如果有压痛点也需按摩，频率为 10 次/分。如果患者双侧腰部均有疼痛，则两侧均需找出压痛点，并予以按摩。虽然双侧有病变，但多数是一侧重于另一侧，按摩时应注意疼痛的侧重点。压痛点找出后，试用不同力量按摩，询问患者疼痛与平时的疼痛部位和程度是否相似，如果相似，也就用此力度按摩，疗效会最佳。上述检查过程中若无压痛点，则不需按摩。按摩结束后，接着运用活动腰部关节的手法。腰部的正常运动包括前屈、后伸、左右侧弯、左右旋转等几个方向。活动腰部关节时，也应根据此运动方向分别施予手法治疗。一是侧推。首先将一床单对折，通过患者的腋窝，系在床头，固定上半身。嘱助手握住患肢踝关节。如果患者腰椎有左右侧弯曲，则需根据杠杆原理，尽量纠正腰椎的侧弯。如果有腰椎生理幅度变直，甚至反弓者，则在牵引的同时，将大腿提高。术者在侧推之时，加上向下按压的力量，以恢复腰椎正常的生理幅度。助手在做对抗牵引的同时，并将患肢抖动，牵抖后放下，放下后又牵抖，先两侧腿分别牵抖，再用双手握住双踝关节，提起双下肢并左右摇摆双臀部，顺势将臀部牵抖。术者与助手应配合默契，两者用力合二为一。即牵抖之时，推和按压配合一致用力。以上牵抖可使腰部、骶部、髂部各个关节活动开。每个动作各牵 30 次，也可将腿贴床上，如上述方法拖牵。二是斜搬。术者一手扶托住患者对侧膝前部，另一手压住腰背部，将腿部斜形抬起，放在腰部之手一压，托膝之手一抬，下压之手与抬之手配合一致用力，使腿部斜形抬起 3 次，然后换另一手压住腰部，一手扶住肩前部，也是一压一抬地配合用力，使肩与上身斜形抬起 3 次，然后换位站于患者对侧，再以上方法治疗，使腰椎获得较大的被动旋转运动。三是侧搬。患者侧卧位，贴床之腿伸直，另一侧腿的大腿屈膝 90°，术者站于患者腹侧，将双肘关节屈于 90°，一侧上肢压住患者肩前部，使上身向背部的床面倾斜，另一前臂压住患者的臀部，使臀腿部向术者身旁的床面倾斜，双上臂同时用相反之力，上推下回收，将患者腰部转动，并嘱患者放松腰部，当腰部活动自如之际，两上臂配合突然用大力，上推下回收，使腰部达到很大的旋转幅度，此时会发生弹响声，这是腰椎松活的表现。对侧用同样方法治疗。这些手法都必须两侧对称予以被动活动，可以用较大力。四是屈伸。患者仍取侧卧位，术者站立于患者背后，一手扶住患者膝部，另一手握住踝关节。屈髋、膝，使大腿贴于腹部，一松一紧3遍。然后扶膝之手换到压腰部，顶住腰骶部，握踝之手将腿向后拉，使腰部过伸，同样是一松一紧3遍。对侧同样用以上方法治疗，使腰部达到尽可能大的过伸过屈活动度。五是滚摇。患者取仰卧位，尽可能大地屈髋、屈膝关节，双手抱住小腿。术者站于患者旁边，一手扶住其项背部，另一手扶住小腿，将患者在床上滚动10次。六是背蹲。患者下床站立，术者与患者背靠背，臂挽臂，并将手抓住患者裤腰带，术者臀部顶住患者腰部，将患者背起，使其脚离地，然后左右摆动患者双下肢两下。放下患者站在地上，双方稍微休息，又背起前后颠动两下，又放下患者，如此左右前后活动腰部两遍，然后扶患者蹲下，尽量使其腰部屈曲。活动范围由小到大，力量由轻到重，这是一种效果较好的活动腰部的治疗方法。但背法对年老体弱的患者应慎用，若术者身体不够强壮或年龄稍高，也可不用背法。腰椎间盘突出症一般每周2~3次手法治疗，若有特殊情况，也可每日1次治疗。此外，少数腰椎间盘突出症的患者，由于髓核突出压迫脊神经根，使神经根牵张得过于紧张而引起发炎症水肿，致腰腿疼痛剧烈，难以忍受，当检查者手一触及患者腰部，即痛不能忍，此时按摩、推拿等手法是无法施行的，应给予输液治疗或者透视下选择性脊神经根阻滞封闭治疗。

（6）膝部手法。

常见的膝部软组织疾病有膝关节退行性骨关节炎、膝关节骨折后遗留关节功能障碍、膝关节粘连性强直、膝关节创伤性滑膜炎、膝关节交锁、腘窝囊肿、膝关节内外侧副韧带扭伤、膝关节半月板损伤、膝关节交叉韧带损伤等。杜氏在治疗以上膝关节软组织疾病中有丰富的临床经验。上述膝关节疾病虽不同，但杜氏手法治疗大同小异。在此，以最具代表性的膝关节退行性骨关节炎为例，详述杜氏手法在治疗膝关节退行性骨关节炎中的运用。

患者取仰卧位，术者对患者进行以下检查：一是术者手掌扶住患者髌骨上缘，嘱患者自动伸屈膝关节，术者手感触有无摩擦音发生，如果有，考虑就是膝关节退行性骨关节炎的表现。二是术者一手将拇指、食指张开，从患者髌骨上约7~8 cm处向下挤压至髌骨上缘，另一手拇指、食指垂直点压髌骨，若髌骨有飘浮于水上之感，则为关节积液现象，即浮髌试验阳性。三是术者在患者髌骨下缘及膝关节内外侧周围与髌骨外上缘等处用指尖触压，看有无压痛点。四是术者按压患者膝关节内外侧副韧带起止点和膝关节间隙处，看有无疼痛。五是术者按压患者股二头肌外侧支及内侧半膜肌、半腱肌的止点附近有无压痛。六是术者按压患者腘窝部有无压痛。七是术者按压患者髌腱两侧的脂肪垫有无压痛。八是术者按压患者股四头肌中端与腓肠肌肌腹有无酸痛。这些检查对膝关节疾病的诊断和鉴别诊断，观察伤处及指示手法按摩都是有好处的。通过上述八种检查方法，一旦找出的痛点均应给予重点按摩，频率约为 20 次/分。接下来是活动膝关节的手法。膝关节正常运动方向有伸、屈和旋内、旋外等，所有活动关节的手法均应据此膝关节活动方向予以推拿。活动膝关节的手法：一是过伸。患者取仰卧位，术者站于患肢侧，一手压住股骨远端，另一手压住胫骨近端，逐渐向下加力使膝关节伸直。对不能伸直者，压至患者能忍受的最大伸直幅度。若伸直稍有妨碍并能压伸使腘窝贴近床面者，可将压胫骨近端之手换于握住患侧踝关节，在压住股骨远端的同时，将踝关节提起，使膝关节过伸，对较快恢复膝关节的伸直功能有利。若无膝关节伸直功能障碍者，可不做此手法。二是屈曲。术者一手握住胫骨上前方，另一手握住踝关节，将膝关节尽可能大地屈曲，以不引起患者剧烈疼痛为度。三是牵引。术者将患侧踝关节夹于腋下，双手抱住胫骨近端，夹踝关节的腋部与抱住胫骨之手同时用力牵引，使膝关节与周围软组织松解开。若遇有畸形"O"形腿时，在牵引的同时，一手推膝关节外侧，另一手移下压小腿内侧，配合用力将膝关节尽可能外展，以增大膝关节内侧间隙；若遇畸形"X"形腿时，则需增大膝关节外侧间隙。在牵引的同时一手推膝关节内侧，另一手向下压小腿外侧配合用力将膝关节尽可能内收，有利于病情恢复。若病程较长，膝关节屈曲不能伸直，弯曲度大约 10～15°者，可由助手握住患侧踝部如上述方法牵引，术者则用双手掌压于患侧膝前部，使膝关节尽可能大地伸直。当然要以患者能忍受其疼痛为度。此法可使膝关节间隙较前增宽，膝关节周围的软组织松解舒展，接下来需弹腓总神经三下，拔伸五趾各一下，至此手法即全部结束。通常膝关节退行性骨关节炎应每周 2～3 次治疗，若有必要，也可每日 1 次。

（7）踝部手法。

杜氏手法常治的踝、跖部软组织疾病包括踝关节扭伤、踝关节粘连性强直、跟腱损伤、单纯先天性马蹄内翻足、足背部腱鞘囊肿、足部软组织挛缩综合征、足底筋膜炎、跟骨刺综合征、类风湿性跟骨炎等。以上疾病虽不同，但杜氏手法治疗大同小异。在此选取其中最具代表性的踝关节扭伤为例，详述杜氏手法在踝关节疾病中的运用。其他踝关节疾病可仿此手法治疗。

患者取仰卧位，术者坐在患者患肢侧。首先按压患者跗骨窦底部，踝关节正中及腓跟、腓距前后韧带的止点，内踝的三角韧带，再向前检查外侧两个跖骨的骨间隙等处。其中以跗骨窦最为重要，检查出的压痛点，是手法按摩的最重要点。跗骨窦是由跟距关节、距舟关节外侧及腓骨前下端与距腓前韧带构成的一个似圆形的小窝，伤后瘀血易沉积于窝底，若不及时用按摩等治疗散瘀，时间长后，该处积血可纤维化而结成筋结，在踝关节运动时，该部位可产生疼痛，经久不愈。通过以上方法找出的压痛点，均应按摩，频率约20次/分。其中需特别注意的是，跗骨窦处应加倍按摩。接下来就是活动踝关节的手法。踝关节的正常运动有背伸、跖屈及距跟关节的内外翻几个方向的运动。活动踝关节的手法也需根据踝关节的正常运动予以正确的推拿治疗。活动踝关节的手法：一是滚摇。术者一手握住患者胫腓骨远端，另一手由外侧握住脚背的跖骨，顺时针与逆时针方向分别旋转踝关节各5下。二是伸屈。术者位置和姿势如前，将患者踝关节背伸、跖屈各5下。三是内翻、外翻。也是如上位置和姿势，术者将患者跟距关节内翻、外翻各5下。此外，也可用下述另一种手法活动踝关节。患者取仰卧位，术者站于患者对面，一手握住跟骨，另一手抓住足背，嘱患者双手紧握床边，作对抗牵引的姿势，在术者牵引踝关节的同时，将踝关节顺时针与逆时针方向旋转，并顺势背伸跖屈与内翻、外翻。这三个手法在对抗牵引下一气呵成。根据病情轻重缓急，可重复进行数遍，力量大小以患者能承受的疼痛为度。至此，活动踝关节的手法完毕。接下来需弹腓总神经5下，拔伸足趾各1下，手法治疗即全部结束。每周2~3次治疗，有必要时，也可一日一次手法按摩。

8. 软伤（筋伤）"十法"辨证

"十法"辨证以"证为法施，法随筋变"为要旨，以手法刚柔力度多切入点，详尽地阐述不同手法针对阴阳、表里、寒热、虚实不同病症的意义，充分展现出手法间的辨证思想，为后学者运用手法辨证施治提供了充分的理论依据。

（1）"分筋法"与"理筋法"有着不同的临床意义。分筋是重强刺激，属于破坏性手法；而理筋则是弱刺激，属于安抚性手法。二者先后应用于肌肉间隙与肌束的病变部位，常在治疗筋络伤患过程中配合使用。虽然分筋、理筋并提，但方法不同，作用各异。分筋是借助手指的力量，强行分离变硬、僵化、粘连的组织，是解决"痕块"的有效手段，对局部组织可能造成小范围的轻度再损伤，所以他要求用力不宜过猛，不能操之过急，应循序渐进。而理筋手法实际上是一种轻按摩的直线移动法，仅作用于肌肉的病变部位，是强刺激后的安抚性手法，对分筋过程中所产生的局部疼痛或不适感，可以起到镇痉、止痛、顺通络脉的安抚作用。

（2）"弹筋法"与"拨络法"皆属于强刺激手法。这两种手法各作用于不同部位，是根据组织结构的弹性张力不同而划分的。弹筋是拿法的衍化法，它着力范围虽小但作用力量大，是一种重强刺激，对因"跌、摁、闪、凝"或风寒侵袭肌肤所引起的痉挛、僵硬、疼痛与功能障碍，有舒腠理、通经络、解痉止痛的作用。而拨络手法虽然也属于强刺激，但它与弹筋相比则是一种小范围的破坏性手法，介于分筋和弹筋之间，常用于肌腱、韧带与周围组织粘连的分离，以恢复其正常的弹性与张力。尽管弹筋、拨络并提，但就其治疗作用看，后者是一种相对的弱刺激。

（3）"滚摇法"与"升降法"是强力的姿势性被动运动，是通过关节部位屈、伸、旋转运动以达到治疗目的的一类手法。其中的滚法与摇法又是两种特殊的强刺激手法，是运用机械力的杠杆作用，迫使关节周围粘连组织的分离；而升降法则是通过患者自身的屈伸动作，加快气血的升降，恢复关节的正常功能，属于导引疗法的一种，其间虽有大升降与小升降之分，但与滚摇法相比，升降手法对机体的刺激性甚小，属于辅助性疗法之一。

（4）"点穴法"与"镇定法"手法并提，体现手法上的辨证观。点穴是指针在伤科手法中的应用，因指压穴位与力量的不同，具有一定的刺激作用；顾名思义，镇定手法是一种辅助疗法，用于各种强刺激手法之后，以强化刺激效果。

（5）"分筋法""理筋法""按摩法""捏按法"配合使用，后二者手法有理通经络、摩散肿结的作用，是分筋理筋的辅助手法。尤其运用在正骨手法治疗四肢长骨骨折或关节脱位时，要求对按摩、捏按手法给予足够的重视。因为后二者手法本身不仅具有行气活血、疏通经络、改善肌肉紧张等作用，且有利于骨折的矫正和容易使脱位入㐌。

杜老还在其著述中反复强调，各种手法应用不可拘泥，要灵活辨证掌握。

9. "单指指法"乃杜氏手法之精髓

骨伤科的理筋手法，国内流派甚多，而多以掌、掌根、大小鱼际等进行治疗，单以手指进行治疗者尚属少见。杜氏筋伤治疗手法里的"理、分、点、按、弹、拨"等舒筋活络类手法，则纯以手指操作进行治疗，且多以单指操作为主，筋伤手法中以"单指法"治疗实为杜氏之绝技，完全可以达到"指触于外，巧生于内，心随手转，法从手出"的自成一派的境界。以下是杜氏单指操作的特点：

（1）指感确切。手部皮肤内含有丰富的知觉小体，知觉敏感度高。由于知觉小体种类及数量分布不同，全手中又以手指的知觉敏感度最高，所以手指操作指感敏感确切。杜氏理、分、点、按、弹、拨等手法以指尖或指腹进行治疗，可较清晰地了解治疗部位筋的病变情况，具有指感确切的特点，为根据筋情调整变换手法创造了条件。

筋伤手法的关键是针对筋伤后的"痕、迹、块、核"病理组织施术，所施手法力量的强弱，治疗范围的宽窄，则应根据治疗部位的具体情况来定。何处手法宜重，何处手法宜轻，何处手法宜多，何处手法宜少，则都是根据手指下感觉到的该处筋的病理改变情况来决定的。因此，指感下的筋情（即筋的病变情况）是调整手法的客观依据，具有十分重要的意义。

（2）力量集中。手指操作时着力处仅为指腹罗纹面或指端的部位，由于着力的范围小，故手法力量相对集中。力量集中，一是便于治疗肌肉丰富或部位深的疾患；二是便于控制手法力量。影响手法治疗效果的因素很多，而手法力量强弱的运用是否恰当是一个重要的因素。如过轻则不足，过重则有余（害）。新伤气血瘀积于表，手法宜轻。陈伤气血瘀滞于里，则手法当重。但又须"轻而不浮""重而不滞"方能无误，否则影响手法疗效，临床上这类例子并不少见。单指操作力量集中，既扩大了手法治疗范围，又便于调整和控制手法力量，对增强手法的治疗效果具有双重意义。

（3）运指自如。单指操作，不存在过多的配合协调动作，相应说来较为简练，易于达到运指自如。如果手法难度过高，操作时精力集中于动作的协调，则不利于了解手法治疗部位的筋情，不利于充分发挥手法的治疗作用。单指操作，手法简练，切实易行，有利于充分发挥手法的治疗作用，同时也能更好地了解手法部位下筋的细微病理改变，有利于在治疗中随时调整手法。

10. 单指法"运指徐缓、刚柔并济"乃杜氏手法之精要

一般的理筋手法并不太强调放慢手法的操作速度，只要求连续均匀即可。而杜氏认为"手法宜缓慢有力，若手法过快，其力仅在肌表，既不能收效，而且使患者疼痛不适，徒劳无益。""手法必须稳力深压，力透肌肤，才能收到很好的效果"。临床实践证明杜氏的"徐缓运指"论述十分符合临床情况。运指徐缓，保持深度的按压力，一则能使手法力量平稳均匀，有利于条达逆乱之气血；二则能使手法作用深透，有利于疏通经络之瘀滞；三则能使手法不失柔和之象，有利于消除筋肉之挛缩。筋具有喜柔而恶躁的特点，如因运指过疾、力量刚躁，既易于扰乱气血，又有伤筋之弊。

11. 单指法"指触肌肤，内动外不动"乃杜氏手法之技巧

"分筋法"是筋伤治疗手法中具有代表性的经典手法。单指分筋法要求术者手指触及肌肤，以"内动外不动"方式，由上及下，由左及右，顺时针或逆时针旋转点压、分筋、按摩、顺筋、拨络，刚柔并济，分离筋膜变性的"痕、

结、核、块"病变组织。神形合一，以意行气，力达病所。获取损伤筋膜腠理酸、麻、胀的舒适痛感，这是杜氏分筋手法的一大特点。

12. "终末镇定"，以痛定痛，乃杜氏手法提升疗效之关键

"终末镇定"法是杜氏理筋手法的另一个特点，是加强手法作用的一种手段。所谓镇定，是指手法结束时，并不立刻松劲，而保持一定的力量停留片刻以加强手法作用。"终末镇定"法分指压镇定与掌握镇定两种。前者是在点穴、分筋、理筋等手法终结时，不立即放松指劲，而静止不动，停留片刻。后者乃是术者以手握住患部的远端，在行上述多种手法后，将患者伤部固定在一种利于恢复的状态，停留片刻。该法可以在舒筋手法和运筋手法结束时使用。用在舒筋手法结束时，能起到强刺激的舒通经络气血作用；用在运筋手法结束时，能起到加强分离关节粘连的作用。"终末镇定法"可以达到以痛定痛和提升其他手法的效果。

杜老认为，以痛定痛就是在最痛的部位，施以较痛的手法去消除疼痛，这样可打通脉络不通之处，使气血流通，瘀滞消散，则疼痛自然消除。

13. 杜氏正骨筋伤手法要旨

其要旨：以意行气，以气行力；神形合一，力达病所；轻重交替，刚柔并济；速度徐缓，渗透有力。

（1）以意行气，以气行力。意即意念，气泛指手法使用的力度。施术者心无杂念、聚精会神，集意念于着力部位，以意领力方能意到、气到、力到。

（2）神形合一，力达病所。神指心神，形指手法的动作外形。施术者心作主意，手作引导，力求达到"机触于外，巧生于内，手随心转，法从手出"，方能体查病之所在。

（3）轻重交替，刚柔并济。手法娴熟，运用自如，力柔韧劲实、轻而不浮，重而不滞、功效倍增。

（4）速度徐缓，渗透有力。手法速度得当的缓急变化、力度的渗透增减进退，皆自然灵活，无生硬造作之象。

三、杜氏伤科用药特色

筋伤正骨虽以手法治疗为主，但药物的辨证施治可促使筋伤组织的气血通畅，瘀祛生新，消肿定痛，加速骨折愈合。杜老强调手法与药物两者不可偏废，应结合临床辨证分别主次。

1. 内治辨证

杜氏骨伤内治法以损伤的新旧、轻重、缓急、虚实分期治疗。以八纲辨证为依据，采用攻瘀、消散、和营、补益等法，或先攻后补，或攻补兼施，消补并用，达到活血行气、舒筋活络、续筋接骨的目的。

2. 杜氏药施五法

（1）消法。《医宗金鉴·正骨心法要旨》中说："……损伤之证也。专从血论，须先辨或有瘀血停聚，或为亡血过多……二者治法不同。有瘀血者，宜攻利之；亡血者，宜补而行之。但出血不多亦无瘀血者，以外治之法治之。"常用的有以下几种治法。

① 活血行气消瘀法：内治法最常用的一种方法。主要以气滞血瘀、肿痛并见为其特征，采用此法以消散之，此即"结者散之"的意义。

② 攻下通便逐瘀法：以"恶血内留，腹中满胀，不得前后，先饮利药"为理论依据。

③ 清热凉血消肿法：损伤气血瘀滞郁阻营卫；或瘀血吸收加之素体阴虚；或瘀血化热有感染之趋势，均为热象见证，用该法可使热退肿消。

④ 益气活血祛瘀法：损伤经脉络道，离经之血祛而外溢，或聚于内，因而气随血变，血损则气虚，气虚则不摄血，以致瘀血不祛。可用该法治之。

（2）托法。补法之初，对体弱、老年患者投石问路的补益之法。

（3）补法。对全身因各种原因导致的骨质缺陷患者施以培补之法。

（4）和法。和解患者体内矛盾，包括水谷运化，阴阳协调，经络闭塞之遗方依据。

（5）通法。使气血、营卫、水谷、经络、关节通利，简言之，促进精、气、神的通达之法。

3. 杜氏常用中药方剂

（1）接骨散。

处方：当归八钱　　　白芷四钱　　　续断六钱　　　川乌(制)五钱

草乌(制)五钱　乳香八钱　　没药八钱　　蜈螂五钱

土鳖五钱　　　广三七一两　　虎骨*六钱　　苏木四钱

碎蛇三钱　　　海马三钱　　　木瓜四钱　　　青皮四钱

五加皮四钱　　台乌四钱　　　甲珠六钱　　　伸筋草三钱

血竭(生)三钱　自然铜六钱　　小茴香四钱　　柴胡四钱

羌活三钱　　　泽兰五钱　　　大黄(生)四钱　桂尖三钱

杜仲五钱　　　茯神五钱　　　明雄黄三钱　　桃仁四钱

木通三钱　　　甘草三钱　　　麝香二钱　　　鸡血藤三钱

主治：骨折。

炮制：以上三十六味，共研细末即成。

作用：续骨生新，活血散瘀，消肿镇痛。

用量：外用视伤状而酌量，一般四肢闭合骨折用 3~5 钱。

用法：温开水冲调成糊状，外敷。用热酒调也可。

禁忌：洗冷、生气、房事。

（2）活血散。

处方：乳香五钱　　　没药五钱　　　血竭(生)五钱　贝母三钱

羌活五钱　　　南木香二钱　　厚朴三钱　　　川乌(制)一钱

草乌(制)一钱　白芷(生)八钱　麝香五分　　　紫荆皮(生)八钱

生香附五钱　　炒小茴三钱　　甲珠五钱　　　煅自然铜五钱

独活五钱　　　续断五钱　　　虎骨五钱　　　川芎五钱

木瓜五钱　　　上安桂(去皮)三钱　　当归(酒洗)八钱

---

*注：本书所载某些药物涉及濒危或保护动植物，仅用于对医药知识的学习。对于任何形式的动植物的使用均需遵守国家的相关法律法规。

炮制：以上二十三味，共研细末即成。

主治：久伤不愈，经血不和，创伤出血，伤后肿胀，疼痛瘀血。

作用：止血舒筋，活血散瘀，理气镇痛。

用法：（1）温开水冲调呈糊状，外敷。

（2）内服：药末五钱配白酒一斤，用量遵医嘱。

用量：外敷视伤状而酌量，一般扭挫伤用2～5钱。

禁忌：上焦有热，出现口干舌燥等症者。

（3）玉真散。

处方：明天麻　　　羌活　　　　防风　　　　南星（姜汁炒）
　　　白附子　　　白芷各六钱

炮制：上药共研细末。

主治：伤后破溃或成水泡、血泡、擦伤等。

作用：预防破伤风。

用量：临症视状而酌量。

用法：一两玉真散加四两基础膏，调和即可外敷。

【附】基础膏：香油　川蜡　白蜡熬成。

（4）内伤丸。

处方：广三七 二两　　桃仁 二两　　泽兰 四两　　大黄 一两
　　　明雄黄 一两五钱

炮制：以上五味药，分别研成极细末拌匀（桃仁去油后入），以适量蜂蜜，加入米汤内（糯米或普通米之黏稠煮液）搅合，倒入备好之药末内，调成软硬适度，为丸。每丸重八分。

主治：伤后吐血、咳血，三焦瘀血，及咳嗽、喷嚏、呼吸引起之胸痛。

作用：清热明心去内瘀（瘀血于下焦，服后则下出；瘀血在上焦，服后则上越）。

用量：每次一丸，日服一至二次，饭后睡前白酒送下。

用法：白酒少许浸泡丸药，连酒服。不饮酒者，以白酒化开丸药后，除去余酒，用白开水送服。

（5）除湿酒。

处方：虎胫骨三钱　　　防己三钱　　　独活二钱　　　云苓三钱
　　　杜仲三钱　　　　草薢三钱　　　晚蚕砂三钱　　松节三钱
　　　茄根四钱　　　　木瓜四钱　　　苍耳子四钱　　枸杞子四钱
　　　秦艽三钱　　　　桑枝五钱　　　牛膝一钱　　　狗脊三钱
　　　续断三钱　　　　伸筋草三钱　　豨莶草四钱　　白酒五斤

炮制：虎胫骨炙酥为面，防己等十八味药共研粗末，再将虎胫骨面混入粗末中，用消毒纱布包好，用绳悬于酒中泡两周备用（冬季泡一月）。

主治：风寒湿痹。

作用：除湿通经。

用法：内服，用量遵医嘱。

四、杜氏功法

1. 医生应苦练临证"十要"之内功

杜氏临症"十要"言简意赅，涉及中医正骨学知识广泛，是杜氏正骨筋伤学术思想的基石，其精准地表述出为医者必备专业技术知识和为医者仁心的综合素养，是为医者治病救人必须练习的内功。杜老认为："医者治病实则治人"，人是统一的有机体，虽伤局部，症候亦可反映全身。故医者作局部治疗时不仅需要自身整体效应，并且还应密切关注患者的全身状况。医患配合，方可达到预期的临床疗效。比如手法治疗，医者尚须手、眼、心三官并用，方能达到得心应手。为此，为医者必定深刻理解"十要"之精髓，苦练其内功，达到临症不惑，"机触于外，巧生于内，手随心转，法从手出"，从容就医，诊治疾病，治病救人。

（1）认识结合思想为要。

这是患者来就诊时，对患者的初步观察。即通过望诊来了解患者的年龄、身体和阴阳虚实情况（面红耳赤为阳盛火旺之体，属身强；面黄肌瘦为阴盛之体，属虚弱；面乌黄者为肾虚）。从患者的姿态行动中，可以判断受伤的部位。从患者的面部表情上，可以看出伤势的轻重。总之首先一定要初步分清是骨折、脱臼，还是扭挫伤，然后进一步把病因病情弄清楚，才能确切进行治疗。在治疗时，通过认症思考，时刻注意施术的轻重缓急，以免贻误患者。如患者体强，施术时可应用急重手法，可立见功效。反之以急重手法施于体弱者，则很可能不但无益，反而有害。所以治疗前，一定要考虑患者的身体等各方面情况。总的说来，应心作主意，手作指导，细心体会病症所在。如治疗时患者晕厥，应立即急救，急救的简单方法是：先掐人中，再弹横梁筋、背筋，待知觉恢复，可喂些热开水，休息片刻。然后根据具体情况，继续施术或暂停治疗，找出晕厥发生的原因。

（2）大胆结合细心为要。

疾病诊治过程中，既要大胆又要心细。特别在临床时，应以大胆心细的态度，多去摸索，自然熟能生巧，巧能生智，智能生惠，这样才能取得更好的临床疗效。

（3）诊察结合按摩为要。

诊断骨伤，除了利用X线摄片获得确诊外，望诊和按摩法也是诊断的重要辅助方法。如筋病不能伸，骨病不能屈，畸形、瘀血、肿胀等情况，都可以通过望诊观察出来。例如按摩法（指正骨按摩而言）使用手的拇、食、中、环几个指头巧力配合检查骨折、脱臼或筋肉损伤等，通过仔细寻摸，即能了解到确切的病情。如骨折，则多有骨擦音，同时患者有敏锐痛感。骨折错位则有明显的凹凸不平；有掉下的骨折片，就可能触到点状签状物；如果是筋伤，则可能触及到条索状或橄榄状硬块等。总的来说，凡有伤情，按之则与正常人有所不同，皮肉里疙瘩不平，一般是有病的现象。《内经》上说"通则不痛，痛则不通"。人体无论发生骨折、脱臼或扭挫伤等，都是因为机体和正常生理作用受到破坏，局部气血遇有阻滞，因而肿胀疼痛。按摩的作用就是打开通路，闭塞者使其复通，错落者使其复位。此外，由于按摩时医者之手触及患部，也是一个诊察病情的过程，而两者同时进行，所以说诊察结合按摩为要。

（4）治疗要以辨证为要。

治疗之前，先要辨清证候和伤情的轻重，然后根据证候来决定治疗方法。重病轻治，固属无效；轻病重治，也非所宜。必须结合患者的体质强弱以及精神状态，整体考虑辨证施治，这是中医治病的优良传统。如骨折后筋也会受到损伤，在这种情况下，既需要治骨伤，也需要治筋伤。所以不能只用一种方法，而是要灵活采用多种方法。因人的体质各有不同，伤有大小，病有轻重，如果拘泥于某种固定的手法则不但无益，反而可能有害，务需心灵手巧，辨证论治。无论什么方法，都得灵活运用。所以说方（药方）是死的，法（方法）是活的，什么病用什么方法最为合理，在实行手法之前，必须予以考虑。在治疗过程中，也可能发现新的问题，就需要改变或增加新的治疗方法，务求手法与病情相适应。所以说治疗要以辨证为要。

（5）脱臼以合榫为要。

脱臼有各种不同情况，一般分为全脱臼和半脱臼两大类。在一个关节脱臼中，又分几种不同类型，如髋关节有前脱、后脱、错缝等情形。不同类型应采用不同的方法治疗，目的是要使脱出之骨回纳于臼中。不管任何关节脱臼，都应由哪一条路脱出来，还必须经那一条路才能回去。关键是要审查清楚，要用巧劲，让患者少受痛苦。脱臼的治疗，以愈早送回"窝子"愈好，复位以后，必须检查关节的活动功能，并与健侧相比较，两侧完全一样，才算是合榫。

（6）骨折以对口为要。

骨伤折断后，接连整体的叫"母骨"，离开整体即远侧断段叫"子骨"。接骨时，是以子骨去找母骨对口。在骨折整复术中，根据不同的伤状，运用"牵、卡、挤、靠"等手法，使移位或驾迭的骨折断端对口起来，再捏挤平整，最后敷药用夹板靠紧，不让断端再有移动，以免再度错位变形。复诊时，仍需注意骨缝是否对正，倘发觉骨缝仍有凹凸不平，需再用"牵、卡、挤"手法，以达到平整为止。断口对得平整，愈合就快，而且愈后良好。因此治疗骨折时，注意对口是非常重要的。

（7）敷药以对症为要。

骨折接上以后，外敷接骨散或活血散。根据临床观察，敷上药物以后，首先痛止，其次肿消，然后瘀散，并有促进骨痂生长的作用。敷药要对准伤处，也要认清证候，什么证敷什么药。如接近关节的骨折，只敷 1~2 次接骨散，即改用活血散。因敷接骨散后，骨痂容易长牢，不利于逐渐恢复关节的活动。如果不是靠近关节的骨折，则要多敷接骨散，促使骨痂早日生长。总的来说，治疗骨折，是以手法为主，药物为辅。

（8）包扎以起作用为要。

包扎是为了起到固定作用，所以要注意包扎的效果。如胫骨干骨折，在包扎时先在断口以上扎几圈绷带，然后将绷带缠到断口的下方，使十字交叉点正好在断口的表面，反复上下缠裹，这样绷带就不会因为活动而发生松弛，同时也可给两断端以一种互相接近的拉力，使不易移位。此外，对骨折突起处，加一大小适合包了棉花的硬纸片在其上，再绑以夹板，起到杠杆作用，这样骨折断端就固定得更紧更牢。不过使用时，要灵活掌握，不要使皮肤受到过分的压迫或引起水泡。总之，包扎时不要随随便便，必须使包扎起到相应的作用。

（9）固定应多考虑为要。

治疗骨折，在对正断口，外敷药物以后，就要以夹板固定。这时应考虑怎样既发挥夹板的固定作用，而又不影响关节的功能。根据伤势的轻重，一般固定骨折断端的下一关节，也可不固定关节。骨折断口的愈合相对容易，而关节僵硬则较难治。所以在治疗骨折过程中，应多考虑患肢功能的问题。尤其是关节附近的骨折，应于第 1 次治疗后，隔三四天复诊检查一次，并轻柔按摩关节，适时地及早解除夹板，使骨折愈合，关节功能也不受影响。这就是所谓的"固定时应多考虑为要"。

（10）服药以配合为要。

治疗骨伤，通常除手法整复，外敷接骨散以外，还需内服药物。在中医理论指导下，内服药可起到活血、散瘀、止痛、消肿、促进骨痂生长的作用。内服药物和手法、固定、体功操练相辅相成，缺一不可。内服药物，要注意患者的体质、年龄、伤势轻重，因为正骨科所用的药物，多是攻血破气的（当然也有活血补气的），这些药物都不宜多服。所以七岁以下儿童，虽有外伤，但一般不给予内服药。

2. 医生应苦练杜氏"达摩易筋经十二式"之外功

杜老崇尚练功健身强体，认为骨科医生除练"十要"之内功外，必须身强力壮，方能牵开骨折错位，操作各种正骨筋伤治法而胜任工作。故临床骨科医生应苦练"达摩易筋经十二式功法"。

（1）练功的注意事项。

① 澄清思虑，调整呼吸：行功之际，要清除一切思虑，心地平静，精神集中，呼吸调匀。默数呼吸之次数，谓之"数息"。唇微闭，舌尖上顶颚盖，谓之"鹊桥高架"。

② 放松肌肉，端正姿势：行功之前，先放松全身肌肉，特别是胸腹部肌肉，否则会影响呼吸。身体各部，按功式要求，摆布稳当，不可挺胸凸腹，歪头斜颈，务必姿势准确。

③ 持之以恒，长期练习：练习需要有信心和恒心。无论春夏秋冬，无论风雨阴晴，均需坚持不懈。冬练三九，夏练三伏，绝不可一曝十寒，也不能急于求成，否则就达不到练功强体的目的。

④ 宽舒衣着，节制饮食：练功时，所着衣物要注意宽窄适度，过宽过窄均所不宜。行功之前，必须解衣宽胸，放松腰带。饮食宜有节制，不可偏嗜，保持定时定量，过饱过饥皆非所宜。食后休息片刻，方可行功。

⑤ 环境清静，空气畅通：行功环境宜清静，窗户洞开，空气畅通，以利真气内守。户外行功，应选安静避风的地方。

（2）练功的季节与时间。

① 练功与季节的关系：内养功，根据一年中时令不同，练功之久暂，亦应随之增减。春秋为活丹季节，每次可行功一小时左右；夏季为养丹季节，每次可行功半小时左右；冬季为练丹季节，每次可行功两小时左右。外壮功，则宜终年如一，即冬练三九，夏练三伏，大暑不惧，大寒不畏。但是这些亦应根据练功者的身体强弱、年龄长幼、工作忙闲，合理调整和选择行功的时间。

② 每日练功时间的选择：一日之中，十二个时辰，均可练功，一般多在早晚练功。但应根据个人情况，选择适当时间，不必呆板拘泥。

（3）杜氏"达摩易筋经十二式"功法。

预备式：两腿开立，头端平，目前视，口微闭，调呼吸。含胸，直腰，蓄腹，松肩，全身自然放松。

韦驮献杵第一式：两脚站与肩宽，灌劲立定，口吐长气乃吐故纳新。挺膝收腹，头颈端正，二目平视。手由身侧屈肘提至胸前，左手并指翘掌在上，掌心向右，指尖向上，距胸约一拳，同时右手并指在下，掌心向下，由胸前下按，稳于小腹前一拳处，眼垂视左手。做到收心纳意，以鼻调息。一呼一吸为一字数，默数三十字数。

诀曰：

立身期正直，环拱手当胸，气定神皆敛，心澄貌亦恭。

韦驮献杵第二式：接前式，两手灌劲，右手提上，翘掌与左手同时向前推移，旋即分向两翼，成侧平举位，直掌，右掌心朝上，默数三十字数。

诀曰：

足趾挂地，两手平开，心平气静，目瞪口呆。

韦驮献杵第三式：接前式翘掌，两臂升提至前斜上方，肘伸直而灌劲翘掌，如托天状，指尖相对，勿相碰相嵌，相距一拳。两膝挺直，十趾抓地，眼仰视指尖，默数字数同前。

诀曰：

掌托天门目上观，足尖着地立身端。力周腿胁浑如植，咬紧牙关不放宽。舌可生津将腭舐，鼻能调息觉心安。两拳缓缓收回处，用力还将挟重看。

摘星换斗式：接前式，两臂用力，向两侧下降成侧平举位，钩掌屈肘，左臂移向后背，其前臂尽量上提，掌心向背，诸指紧贴同侧肩胛骨内侧，下体不动，上体半面左转。同时右手翘掌，指尖朝上，向左前上方推出，然后向内钩掌，两目注视右手掌心，默数三十字数。左侧功毕，上体转正，将右手收回至胸前，再沿右侧胸廓横行移至后背，如上述左臂姿势。然后左臂自后背移至胸前，翘掌做上述右手姿势，默数三十字数毕。然后两臂均收至后背，手背相碰，掌心相背。

诀曰：

只手擎天掌覆头，更从掌内注双眸。鼻端吸气频调息，用力回收左右侔。

出爪亮翅式：接前式，掌心朝外，两臂后伸，经两侧向前平举，待两臂与正前方相平行时，两掌心转面向上，两臂用力前引，两目视手，腿挺直，足灌劲，蹬地，默数字数同前，最后用力握拳屈肘，收至腰间。

诀曰：

挺身兼怒目，推手向当前；用力收回处，功须七次全。

倒拖九牛尾式：接前式，取左弓箭步，前踏后蹬，右臂灌劲握拳，向右上左下运行，提于腰之后侧，屈肘拳眼对腰部，如提千斤重物。左臂在胸前灌力握拳，屈肘，上臂外展与肩平，前臂仍保持垂直，灌力握拳，拳心向内，同时头徐徐转向左方，两目注视左拳心，默数字数同前。功毕两臂收回，于小腹前交叉，换为右弓箭步，左臂之姿势如前述右臂之姿势，右臂之姿势如前述左臂之姿势，再默数三十字数。最后两臂收回，握拳于小腹前交叉。

诀曰：

两腿后伸前屈，小腹运气放松；用力在于两膀，观原须注双瞳。

九鬼拔马刀式：接前式，开拳，左手灌劲上举，向侧方下降，放于背后，如摘星换斗左臂姿势，然后右手上举过头，绕至头后，掌心抱头，头随向左转，四指紧贴对侧耳门，颈用力使头向后仰，而右手又用力压头使之向前，二力互相对抗，右肘则尽力后张。二目向左平视，默数三十字数。随即头向前转正，同时右手滑至头部右侧，伸右臂呈侧平举，钩掌屈肘，继做上述左臂姿势，默数三十字数。最后左臂外展呈侧平举，钩掌，收到胸前，与此同时右臂亦自背部收至胸前。

诀曰：

侧首弯肱，抱顶及颈；
自头收回，弗嫌力猛；
左右相轮，身直气静。

三盘落地式：接前式，两腿呈骑马式，两足分开，相距三脚许，足尖稍向内关，膝向外开，髋膝屈曲，均近 90°，十趾抓地，两足站稳。两手从胸上提，自耳旁翻掌向下，悬空放于两大腿外方，灌劲至手，目瞪口呆，默数三十到四十字数。然后弯腰俯首，两臂入胯，其肘过膝，掌心相对，两臂进退五至八下，握拳灌力，直腰，将臂平举胸前，掌心向上，用力如托重物，收至两乳外侧，握拳起立，两足并拢。

诀曰：

上腭坚撑舌，张眸意注牙；足开蹲似踞，手按猛如拿；两掌翻齐起，千斤重有加；瞪目兼闭口，起立足无斜。

青龙探爪式：接前式，右拳提至乳外上方，灌劲握拳，然勿将拳紧压于胸部。上体左转，右手开拳，五指并拢，掌心向上，用力伸向左前方，二目注视手掌，默数三十字数。继翻右手，掌心向下，直臂降落，腰随手弯，右臂顺势经膝前外展，直腰，收拳至右乳胸前。上体右转，左手开拳，伸向右前方，如上述右手姿势，呼吸数同前，最后直立，两手握拳于腰侧。

诀曰：
青龙探爪，左从右出；
修士效之，掌气平实；
力周肩背，围收过膝；
两目平注，息调心谧。

饿虎扑食式：接前式，两手握拳，取左弓箭步，两足踏实躬腰，同时五指微屈分开，掌心向上，自两侧托举平顶，缓缓钩掌，使掌心向下，五指勿须并拢，经头部二侧向前落于左足前，五指尖分开着地，直臂灌力，昂头前视，如虎扑食，默数三十字数。功毕上身起立，向后转身，换成右弓箭步姿势，呼吸数如前，最后起立站直。

诀曰：

两足分蹲身似倾，屈伸左右腿相更。昂头胸作探前势，偃背腰还似砥平。鼻息调元均出入，指尖著地赖支撑。降龙伏虎神仙事，学得真形也卫生。

打躬式：接前式，两足平立，相距一拳，两手抱头，掌心紧贴耳门，躬腰直膝俯首，尽量使头接近两膝，默数二十至三十字数。最后挺身直立，手仍抱头。

诀曰：

两手齐持脑，垂腰至膝间；
头惟探胯下，口更齿牙关。

躬尾式：接前式，两手上移至头顶，十指相嵌，抱头，继而手心翻转向上，两臂尽力伸直，旋即手心由向前转而向下，贴胸前缓缓滑下，挺膝弯腰，掌心尽量贴附脚尖（或地面），昂头前视，足不起踵，默数三十字数。若不能贴附地面者，需配合足跟起落动作，随后挺身直立，两臂前平举，掌心向前，指仍相嵌。

诀曰：

掩耳聪教塞，调元气自闲；
舌尖还抵腭，力在肘双弯。

收功式：两脚平行站立，与肩同宽，两手掌重叠交叉放在丹田穴，五指自然并拢微屈，两眼平视前方片刻，而后，双臂伸直自然抬高过头，屈肘合掌置于胸前。

3. 患者练习杜氏"二十三式功法"之外功，养生健体，恢复关节功能

（1）打躬式。

初行此式时，可以视能弯的程度进行。久久即弯腰至正常状态。如锻炼适宜，功力尤彰，适于防治腰痛伤患。

（2）躬尾式。

防治疾患同打躬势，不过比打躬势更进一步，做到了弯腰，久久即可强壮腰肌。

（3）大运转式。

取骑马桩，微倾其腰，右手随上体摇动，自左下左上，右上右下运转，

左手跟随运转，两手交替一前一后，上身向左前倾，右臂在前，上身向右前倾时，左臂在前，两手随上身翻转而画大圈，各 10～20 次为一遍。或两臂平行运转画圈，左右同姿同数。适于治疗腰部伤患。

（4）荡腿式。

站立，患侧手扶台（或椅），患腿提起，作前后游荡，渐次增大幅度，劲力不可太大及过猛，每遍做 20～30 次。适于治疗髋部疾患。

（5）起落升降（下蹲）式。

两脚分开与肩同宽，脚尖内关，两手扶台，蹲下（跟不起踵），旋即起立，亦可不扶台，蹲下时两手平举呈前伸。二十起数，支持力尚够者可以逐渐增加其次数。适于治疗膝髋踝部伤患。

（6）阴阳磨式。

两足开立比肩略宽，两手撑腰，拇指点压脊侧痛点，上体左右旋而转动，宜稳缓，每次十转，左右同姿同数。适于治疗腰部伤患。

（7）大圆手式。

骑马桩，全臂灌力，上身不动，两手自胸前向内上外下翻转，左起右落，相继运行，次数不限。适于治疗肩肘腕部伤患。

（8）旱地拔葱。

① 双手拔葱式：骑马桩，躬腰俯头，两臂入胯肘过膝后，直臂握拳，拳心相对，状如拔葱。挺腰抬头，两臂灌力，抬呈前平举时开拳，掌心朝上，如托千斤重物，徐徐收至胸前，握拳放置腰间，重复数次为一遍。适宜治疗腰膝部损伤疾患。

② 单手拔葱式：以右手为例，两足开立，与肩同宽，两手握拳提至两胁，右手开拳，自右乳部斜向左脚尖外侧，徐徐插下，并自左脚外侧，移至右脚外侧，与此同时，做深吸气，继之擒拿如拔葱，右脚用力下蹬，右臂灌劲上提，收至腰间，做深吸气，重复数遍。宜于治疗右腰膝部损伤疾患。

③ 双合式：单手拔葱式做一遍，再按双手拔葱式做一遍，如此二式结合施行。适于治疗腰部、胯腿部伤患。

（9）一指鞭式。

两足并立相距一拳，挺膝收腹直腰，肩及两肘放松，两手握拳，食指直伸，屈肘交臂于胸前，旋即两臂灌力，迅速向两翼弹出，再迅速收回，交于胸前，反复行30~50次。适于治疗肩肘部伤患。

（10）九鬼拔马刀式。

具体操作见"杜式达摩易筋经十二式"。适于治疗颈项部伤患。

（11）翘掌式。

两臂前平举，尽量翘掌，静心平息，默数一百至二百字数，尽力保持平举、翘掌姿势。适于治疗腕部伤患。

（12）豹掌式。

接前式，肩肘放松，五指微屈，取豹掌式，掌心向前，用力迅速推出，劲力不松，旋即掌心向上，迅速收回，反复做30~50次。适于治疗腕掌指部伤患。

（13）青龙摆尾式。

两臂前平举，掌心朝下，两手向内外徐徐摆动，各数十次。适于治疗腕关节疾患。

（14）荡臂式。

① 第一式。站立，健手扶台，患臂用力，于身侧前后摆荡，幅度逐渐增大，二十起数。

② 第二式。弓箭步，两臂垂于胸侧，一手在前，另一手在后，做协调摆荡，幅度亦由小而逐渐增大。适于治疗肩关节部伤患。

（15）跟子腿式。

右腿为例，右手扶凳，左手撑左膝（或两手同撑左膝），身微向左侧前倾，右腿屈髋膝迅速向后蹬收回，二数落地。如右腿能单独支持站立，则可左右同姿。适于治疗胯膝部伤患。

（16）风拳式。

两足并立，迅速蹲下，勿需起踵，同时握拳屈肘，并肘并拳夹于胸股之间，以两膝反弹之力起立，同时两拳翻转，拳心向下，向两侧弹出，再迅速蹲下如初，反复行之，做30~50次。适于治疗腰膝肩肘部伤患。

（17）转膝式。

两脚并立，上身前倾，微躬其腰，双手分撑膝上，沿身体之纵轴，旋转活动膝关节，左右同数。适于治疗膝部疾患。

（18）金龙戏水式。

两足站立，足尖内关，挺腰膝，两臂伸直灌力，贴于大腿前，渐次顺腿下滑，躬腰，手至足尖时翘掌，臂直线上升，呈前平举位，目视指尖，然后掌心向面收至耳侧，再顺鬓旁下压，臂复原位为一遍。适于治疗腰部伤患。

（19）阴阳反掌（滚筋）式。

坐或站立，两臂前平举。取阳掌（掌心向上）或阴掌（掌心向下）势，迅速翻掌，反复行之若干遍。适于尺桡骨折后遗症及腕部伤患。

（20）白马分鬃势。

骑马桩，躬腰，两手相抱方向交叉于膝前，挺腰两臂随之上升，于头前方两腕适成交叉，旋即掌心朝外，翘掌向两翼分开为一遍，可连续数遍。适于治疗肩腰部伤患。

（21）卍字车轮功式。

取骑马桩势，左手钩掌，左臂后伸，右臂灌力，掌心向上伸向左前方，上身微向左转，继之右臂自左前方旋向右前方，掌心朝外，随即钩掌右臂后伸，左臂随之，掌心朝上，伸向右前方，上身微向右转，顺势躬腰左手下压并拉回，左侧钩掌后伸，右手自身后升至左前方，掌心朝上，恢复初势，如此做数遍。继改右手取左手姿势，左手取右手姿势，并恰同前式相反的方向旋转，左右同数。掌心朝外，随即钩掌后伸，酌情增加。适于治疗腰部及肩、肘、腕诸关节损伤。

（22）原地踏步式。

两手叉腰或一手扶台（或椅），交替提腿，作踏步运动，提腿愈高愈好。适于治疗膝关节、踝关节损伤。

（23）白鹤展翅式。

弓箭步，两肩放松，两臂侧平举，屈肘，二手分别搁于对侧肩上，随后二手分别搁于对侧腋下，旋即复至侧平举，两手一上一上，交替行之，二十起数，日行三次，成为常课。适于治疗肩关节损伤。

以上诸式，应根据伤情，由小范围活动到大范围活动，由做一个动作到做数个动作，不可拘泥，要灵活掌握应用。若应用适宜，对治疗很有帮助。

学术传承

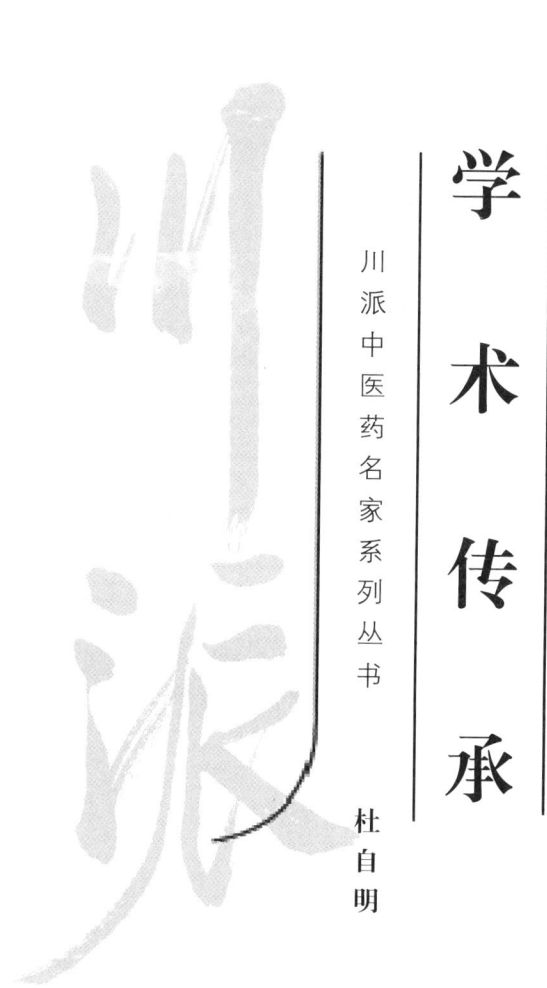

川派中医药名家系列丛书

杜自明

杜琼书

杜琼书，主任医师，杜自明之女，享受国务院政府津贴专家。出生于正骨世家，自幼浸濡家学，聪颖好学，成绩优良，15岁即正式随父学医，尽得杜氏骨科真传。从医60余载，在继承杜氏中医骨伤专科理论与技术的基础上，结合现代医学将杜氏正骨技术加以发扬光大，成为杜氏骨科学派承上启下的代表人物，被誉为四川中医骨科界的一面旗帜，在全国中医学术界以德艺双馨而享有盛誉。

1951年，杜琼书随父杜自明到成都铁路中心医院参加工作。1952年，调至四川省人民医院，与西医著名骨科专家谢锡瑹一起组建中医骨科，是四川省最早的中西医结合科室。1964年6月，调到成都中医学院（现成都中医药大学）附属医院筹建四川省中医研究所，1979年6月该所正式成立，任副所长。在六十余年的工作期间，先后在成都第一骨科医院、成都铁路中心医院、四川省人民医院、成都中医药大学附属医院、四川省第二中医院坐诊、带教，为1991年全国首批500名继承学术经验的老中医之一。

杜琼书在献身于医疗卫生事业的同时，还积极参政议政，曾任第三届至第七届全国人大代表，第五届、六届四川省人大常委会委员；第四届、五届、六届四川省政协委员兼医卫组副组长。

杜琼书撰写了《中医骨伤科讲义》《中医骨科手法治疗图解》《中医骨伤科学》《中医百科全书推拿分册》《骨伤科讲义》等论著。她博采众家之长，在系统总结杜氏手法基础上加以发展提高，将传统的杜氏正骨四法发展为八法，将伤筋十法演变为十二法，改进了传统小夹板四方对称固定法，并强调在正骨治疗中应及早施以手法活血化瘀，祛瘀生新。她运用现代工艺，将多种家传秘方研制成20余种骨科常用药物，效宏价廉，成为省内多家医院的基础用药。

杜琼书有感于医务人员青黄不接，遂秉承其父杜自明的治骨理念，在传承杜氏骨科的基础上不断创新，对徒授艺毫无保留，为国家培养了一批又一批的杜氏骨科接班人，其中出现了一批知名专家，如何洪阳、罗才贵、李先樑、张鉴铭、吕宗蓉、赵明等，他们在各自的岗位上一丝不苟，发挥着光和热，为推进中医骨科事业的发展贡献出自己的力量。

段胜如

段胜如，主任医师，1948年毕业于江西医学院医疗系，后留该医学院附属医院外科工作。中华人民共和国成立后，历任江西医学院讲师、附属医院主治医师。1952年参加抗美援朝，在中国人民志愿军一分部第一基地医院工作，任抗美援朝江西手术医疗队队长，其间荣立三等功一次。1954年回国，加入中国共产党。1955年调至卫生部中医研究院，响应国家中西医结合号召，学习中医。1956年拜杜自明先生为师，开始系统学习中医正骨按摩。杜老精湛的技术，一次又一次让他感觉到中医正骨手法的特色和优势，使他这个西医大夫开始认真研学中医正骨按摩手法，并每天坚持习练达摩洗髓易筋经，直到99岁高龄。段胜如不仅继承并发扬了杜老的学术思想，在临床上还有很多创新。

自1965年起，段胜如历任卫生部中医研究院广安门医院骨科副主任、主任、主任医师、资深研究员。1979年赴尼泊尔医学会做学术交流，会议上宣读其学术报告《纸板加压垫法治疗腕舟骨骨折》，获得同行一致好评。1982年，其学术论文《纸板加压垫法治疗腕舟骨骨折的研究》荣获"国家卫生部科技成果奖"乙级奖。1983年，应邀赴沙特阿拉伯为该国皇室成员治疗腰椎间盘突出症。自1987年后，多次应香港中医治脊学会和骨伤科学会邀请，前往讲学并指导临床治疗。1992年起，享受中华人民共和国国务院特殊津贴。1996年，在人民大会堂受到国家领导人接见，并获中央保健委员会奖状。

杜　麒

杜麒，副主任医师，杜琼书长子，1994年被批准为杜琼书名老中医学术经验继承人，现为四川省中医药管理局"杜氏工作流派工作室"负责人，成都第一骨科医院名老中医馆终身名誉顾问。杜麒自幼跟随杜自明老先生身边，1955年杜自明老先生奉调北京时，年少的杜麒随外祖父一起入京。杜麒曾遍访京城名医，勤修家传之术，为本流派第三代传人。其从小受外祖父及母亲影响，为劳苦群众治伤医残，深受群众的欢迎，从医数十载，无一例医疗纠纷及一例患者投诉。

杜麒自幼接触骨伤患者的诊治，长期从事中医骨伤科医疗工作，在大量的临床实践中，熟练掌握了骨伤科的诊疗技术，并对杜氏骨科特有的手法和药物治疗方法有深刻的理解和研究，能娴熟运用杜氏正骨手法治疗各种骨折及脱位，擅长以中西医结合观点考虑骨折问题，针对骨科常见病、脊柱筋伤、老年性骨质疏松引发病理性骨折等有独到的见解及较好疗效。在伤科疾病的预防和治疗过程中，杜麒非常重视人与自然的和谐平衡。其观点认为：一方面，应守"和"，即保持人体健康平衡。在养骨过程中，以"养气血、养筋骨"为目标，做到起居有常、劳逸适度、饮食有节，使人体筋骨康健。另一方面，又强调应调"和"，即促进人体健康平衡。在治伤过程中，以"调气血、调筋骨"为目标，遵从整体辨证、内外兼治、筋骨并重、防治结合的原则，运用正确的诊断方法、治伤手法、药物疗法及功能锻炼等以恢复患者身体平衡。

杜麒对杜氏骨伤推拿理筋手法有着独到的理解。他坚持中西医结合治疗骨伤疾患，在骨折的手法复位及骨折的康复治疗上疗效显著。其尤其注重内治与外治相结合，如采用中药配合手法治疗小儿肱骨髁上骨折，可缩短骨折功能恢复时间；同时利用家传药酒配合手法治疗骨质疏松、股骨头坏死等也有确切疗效。

杜麒曾撰写《浅谈第五蹠骨基底部骨折与踝关节扭伤的鉴别诊断与临床体会》《颈部牵引意外的发生机制与处理》等论文，参加全国骨伤科学会学术年会交流。

2017年，杜麒积极倡导开展院校合作，共育杜氏骨伤杏林。由其所在的成都第一骨科医院联合四川省针灸学校，共同开办杜氏骨伤传承班，由学校进行基础课程教学，医院开展专业课及临床教学，共同培养基层医疗机构急需的操作型、技能型、工匠型中医骨伤人才，培养出来的学生既有扎实的专业知识基础，又有与岗位能力要求相对接的专业技能。

单文盛

单文盛，中国运动创伤和运动医学创始人。全国解放以后，随贺龙元帅转业到地方参加国家体委医务组建立工作，成为我国第一代运动员的随队保健医师，随国家各个体育代表团征战世界各地，为保证国家级运动员的健康做出了重大贡献。在贺龙元帅主政国家体委时又承担了国家领导人的保健工作。1955年在体委期间，拜师杜自明老先生学习中医正骨疗法。

单文盛先生在职期间，跟随杜自明老先生六年，研习易筋经、洗髓经，锻炼正骨手法等疗法。

1961年到1988年期间，单文盛先生一直在国家体委工作。

单文盛先生从医六十年来，于中医正骨方面积累了丰富的经验，为众多患者解除伤痛，在研究疑难杂症方面独具专攻，成功案例遍及世界各地。其晚年为发展中医正骨学术、培养正骨人才做出了较大贡献。

吕宗蓉

吕宗蓉，女，汉族，四川成都人，成都第一骨科医院主任中医师，全国知名骨伤科专家，杜自明学术门派的代表性传承人，成都市首届十大名中医之一，全国骨科医院联盟学术委员会荣誉主席，四川省第二批老中医专家学术经验继承工作室带徒导师，中国人才研究会骨伤人才分会常务理事，四川省中医药学会骨伤专家委员会委员，成都市中医药技术高级职称评委委员，享受青羊区政府特殊津贴专家，青羊区第六届、七届政协委员。

吕宗蓉从医58年，长期致力于骨科临床及科研工作，在继承杜氏传统医术并吸取国内众家之长的基础上，应用中医和中西医结合诊治骨与关节损伤，积累了丰富的临床经验。她重视中医整体观念，辨证施治，做到内外兼治，手法与药物并重。她擅长治疗各种骨折脱位、筋伤，尤对肩周炎、颈椎病、腰椎间盘突出症、骶尾椎损伤、骨性关节炎、痛风、痹症、骨质疏松症及骨科其他疑难杂症的治疗有独到之处。在师从全国著名骨科专家杜琼书期间，吕宗蓉认真学习了导师家传疗伤手法和伤科秘方，特别是系统学习和钻研了"杜氏八法""十要心法""杜氏功法"等中医骨科基础理论，并结合现代医学技术应用于临床，将杜氏骨科这一宝贵医学财富不断发扬光大，惠及更多的骨伤病患者。

吕宗蓉曾主持科研项目"伤痛热散袋的研制及临床应用",该产品被评为1995年度省级科技新产品,获青羊区政府及区卫生局科技进步奖。1996年产品"伤痛热敷灵"获美国纽约国际传统医学医药产品金奖,该项目成果技术已在国内众多医院推广应用,取得了很好的社会效益和经济效益。伤痛热敷灵中的中药散剂是在杜氏祖传验方的基础上,经过反复筛选及方剂专家认证后定型,具有活血化瘀止痛,祛风散寒除湿,疏经通络接骨之功效。该产品通过发热剂的自行产热,可加快患部对药物的透皮吸收,药效可更好地发挥作用,在国内治疗骨伤疾患众多的外用药中独具特色。

吕宗蓉主持的科研项目"筋骨宁的药理、毒理实验研究",为2001年度成都市科技局重点开发研发课题,2003年完成结题。药品"筋骨宁软膏"已成为院内主要外用制剂,取得了满意疗效。

吕宗蓉还曾主持四川省中医药管理局科研项目"改良温针灸配合手法快速治疗肩周炎的临床研究",2005年通过科技成果鉴定,2006年获青羊区政府科技进步三等奖,同年被评定为四川省卫生厅十大科技成果推广项目,并在省卫生厅成果处和卫计委主持举办的中医药适宜技术学习班上推广,使该项成果得以在全省164家医院推广应用,以快捷显著的临床疗效,赢得了广大患者及同道的赞誉。

吕宗蓉重视人才培养,历年来带教成都第一骨科医院医师及院外进修生百余名,培养硕士研究生数名。1994年被聘为成都中医药大学兼职副教授,带教骨科本科及专科毕业生数百名。1998年1月带头成立"肩周炎专病室",负责新法治疗肩周炎专病工作。同年1月开设"疼痛专科",主治颈肩腰椎及相关疾病,负责新技术引进及实施工作。2004年担任四川省第二批老中医药专家学术经验继承工作导师,其带教的学生陈莉,三年结业,已晋升为副主任医师,并被评定为青羊区名中医。2008年成都第一骨科医院成立了以吕宗蓉命名的名医工作室,选定两名高年资主治医师黄建、罗强为其学术经验继承人,两人于三年后结业,均已晋升副主任医师,成为医院主要业务技术骨干。2014年主治医师唐晓俞参加了四川省中医临床技术传承骨干培训班，师从吕宗荣主任，结业后晋升副主任医师，成为其所在医院的业务副院长。

吕宗蓉曾发表论文30余篇，其中多篇获优秀论文奖。

谢利民

谢利民，杜氏正骨第四代传人，中央保健会诊专家，现任中国中医科学院广安门医院骨科主任，主任医师，教授，博士生导师，北京中医药大学兼职教授。1984年毕业于湖南医学院（现中南大学湘雅医学院）。同年于中国中医科学院（原卫生部中医研究院）中药研究所任实习研究员，从事中药药理研究。1986年调入中国中医科学院广安门医院任骨科住院医师，1990年任骨科主治医师，1994年因成绩突出，成为广安门医院第一位破格晋升的副主任医师，1997年参加全国第二届师带徒学习，师从我国著名骨伤科专家张涛研究员学习杜氏中医正骨学，2000年结业，同年晋升为骨科主任医师。1999年起担任中国中医科学院广安门医院骨科副主任，2002年起任骨科主任至今。2004年任中国中医科学院研究生院博士研究生导师。

现任世界中医药联合会骨关节疾病专业委员会副主任委员兼股骨头坏死学组名誉组长，世界中医药联合会疗效评价专业委员会理事，中华医学会全国医疗事故技术鉴定专家，中国民间中医药研究开发协会手法与健康研究专业委员会常务副理事长，中国人才学会骨伤科分会副会长，中华中医药学会骨伤科分会委员，中华中医药学会推拿分会委员，中国中西医结合学会脊柱专业委员会委员，中国民族卫生协会骨科专业委员会常委，中国中医药促进会骨坏死专业委员会常委，北京中西医结合学会骨科专业委员会副主任委员，北京市卫生局骨坏死与关节病诊疗"特聘专家"。卫生部突发公共卫生事件咨询专家，国家自然科学基金评审专家，国家中药保护品种评审专家，教育部学位中心论文评审专家，湖南省科学基金评审专家。担任7个国内外学术期刊编委。

谢利民作为杜氏骨科传人，在基于风险评估和中医体质辨识的股骨头坏死体系研究、膝关节骨关节炎的推拿规范和疗效评价研究、中医弹性固定治疗手足骨折的研究方面取得了显著成绩。

谢利民和他带领的研究团队已主持研究课题8项，主编《中医骨伤科临床禁忌手册》《骨科手术入路彩色图谱》著作两部，主译世界医学名著《骨关节炎诊断与治疗》。至今已发表学术论文132篇，近5年核心期刊发表论文28篇，其中SCI期刊论文5篇。

赵 明

赵明，主任中医师，享受成都市青羊区政府特殊津贴专家，杜氏骨科第五代传承人，四川省、成都市老中医药专家学术经验继承师带徒评审考核库专家，成都市第四批老中医药专家学术经验继承指导老师，成都市中医药高级职称评审库专家，成都市科技局科技评估中心评审库专家。

赵明于1979年在成都第一骨科医院师从成都市名老中医、杜自明的学生谢德安学习杜氏正骨、筋伤、功法并随师临床实践。1982年师从成都市第三人民医院骨科陈砚侯主任医师，进修西医骨科手术学两年。1992年参加省中医药管理局组队，赴马来西亚吉隆坡"中马南科医疗中心"临床工作、学术交流一年。1994年受聘为成都中医药大学兼职讲师，临床带习学院骨伤本科学生。1997年经考核评为"青羊区卫生系统中青年中医药拔尖人才"。

赵明现任中国针灸学会针刀专业委员会腰部学术委员会主任委员，四川省针灸学会理事，四川省推拿专业委员会副主任委员，四川省中西结合骨科专业委员会委员，四川省康复专业委员会副主任委员，成都市中医学会理事、监事，成都市中医药学会骨科专业委员会副主任委员。先后撰写《腰椎退变性腰腿痛》《双针加压治疗髌骨骨折》《腰椎间盘突出症142例报告》等论文参加全国、省级学术会交流，其中2006年的论文《保守治疗腰椎间盘突出症临床研究》和2007年的论文《腰椎间盘突出症理论研究现状》分析了腰突症患者的手术、非手术、微创术治疗情况及其当时的前沿科技，总结比对治疗方法，提出了参考和建议，均被评为优秀论文。在《中国骨伤》《中医正骨》《中华临床医学杂志》《中华中西结合杂志》《四川中医》等多种期刊发表了《杜氏点穴法治疗臀上皮神经损伤》《杜氏手法及中医辨证分型治疗腰椎间盘突出症150例》等论文。参与撰写《黄帝内经素问宝典》(人民卫生出版社出版，第一副主编）。2001年参与成都中医药大学"正骨水"与"麝香舒活灵"临床对照研究（四川省科研课题）；2003年参与"筋骨宁"临床试验研究（成都市青羊区科研课题）；参与的科研课题"改良温针灸配合手法快速治疗肩周炎临床研究"获青羊区科技成果三等奖，并于2005年通过四川省中医药管理局组织的成果鉴定，在全省推广应用。2006年参与四川省科技厅课题"伤痛热敷酊治疗软组织损伤临床研究"，研究成果"伤痛热敷酊"已成为成都第一骨科医院的院内制剂。

川派中医药名家系列丛书

学术年谱

杜自明

- 1877年，杜自明出生。
- 1902年，开始正式行医。
- 1931年，成都女子师范学校教学楼倒塌，伤者百人，杜自明及门人精心抢救及护理。
- 1951年，受聘为成渝铁路工地医生，并被选举为成都西城区首届人民代表。
- 1953年，特聘为四川医学院附属医院医生，并参加成都铁路医院工作。
- 1954年，被选为成都市人民代表和成都市人民委员会委员。
- 1956年，作为四川著名正骨医生被聘至北京，出任卫生部中医研究院内外科研究所骨科主任。
- 1959年，当选为全国政协委员。
- 1960年，由杜自明口述，经其弟子整理，人民卫生出版社出版了《中医正骨经验概述》一书。
- 1960年，中央新闻电影制片厂拍摄了科教电影片《杜自明正骨经验》。
- 1961年，病逝于北京，葬在八宝山公墓。